"大思政"背景下——高职院校IT类专业高素质技术技能型人才培养模式研究与实践

童世华 黎 娅 朱媛媛 著

中国水利水电出版社
www.waterpub.com.cn

·北京·

内 容 提 要

本书抓住"大思政"背景下的高职院校 IT 类专业高素质技术技能型人才培养的核心问题——人才培养模式问题，从高素质技术技能型人才培养模式改革的历史、若干国家人才培养模式改革的比较、高素质技术技能型人才的心理结构与培养目标入手，分别研究了从入学，到专业学习，到素质培养，再到毕业能力提升等不同阶段中高素质技术技能型人才培养模式改革的主要问题。本书分专题进行研究，对于理论研究及实践成果均进行了深入阐述。

本书适合于教育行政部门、高校管理人员和科研人员，以及广大教师、学生和家长参考。

图书在版编目（CIP）数据

"大思政"背景下：高职院校IT类专业高素质技术技能型人才培养模式研究与实践 / 童世华，黎娅，朱嫒嫒著. -- 北京：中国水利水电出版社，2021.1
ISBN 978-7-5170-9117-2

Ⅰ. ①大… Ⅱ. ①童… ②黎… ③朱… Ⅲ. ①高等职业教育－IT产业－人才培养－研究－中国 Ⅳ. ①F492

中国版本图书馆CIP数据核字(2020)第228068号

策划编辑：寇文杰　　责任编辑：王玉梅　　加工编辑：武兴华　　封面设计：梁 燕

书　名	"大思政"背景下——高职院校IT类专业高素质技术技能型人才培养模式研究与实践 "DASIZHENG"BEIJING XIA——GAOZHI YUANXIAO IT LEI ZHUANYE GAO SUZHI JISHU JINENG XING RENCAI PEIYANG MOSHI YANJIU YU SHIJIAN
作　者	童世华　黎　娅　朱嫒嫒　著
出版发行	中国水利水电出版社 （北京市海淀区玉渊潭南路1号D座　100038） 网址：www.waterpub.com.cn E-mail：mchannel@263.net（万水） 　　　　sales@waterpub.com.cn 电话：（010）68367658（营销中心）、82562819（万水）
经　售	全国各地新华书店和相关出版物销售网点
排　版	北京万水电子信息有限公司
印　刷	三河市华晨印务有限公司
规　格	170mm×240mm　16开本　13印张　183千字
版　次	2021年1月第1版　2021年1月第1次印刷
印　数	0001—2000册
定　价	68.00元

凡购买我社图书，如有缺页、倒页、脱页的，本社营销中心负责调换
版权所有·侵权必究

前　言

本书是根据校级"双带头人"教师党支部书记工作室培育创建要求而编著的。本书拟将深化"三双"工作模式，强化党支部"七个有力"，发挥"双带头人"的示范引领作用，促进支部创新发展等实践成果转化为理论研究成果，形成一部以思想政治为引领的学术专著。

本书是重庆电子工程职业学院 2018 年校级标杆样板支部培育项目和 2018 年校级"双带头人"教师党支部书记工作室培育项目的主要研究成果，同时也是重庆市教育科学"十三五"规划 2019 年度规划课题"'立德树人'背景下的职业院校 IT 类专业高素质技术技能型人才培养模式研究"（课题编号：2019-GX-503）、重庆电子工程职业学院校级课题"大足石刻数字展示应用研究"（课题编号：XJZK202004）和重庆市社会科学规划项目"'一带一路'视野下多体协同的重庆高职专业建设国际化研究"（课题编号：2018PY27）的研究成果之一。该项目还获得了 2020 年重庆市高等教育教学改革研究项目"重庆拔尖创新型、卓越人才培养模式改革与创新研究"（课题编号：203609）和中国高等教育学会 2020 年度专项课题"'双高计划'背景下的职业院校高水平专业群建设路径研究"（课题编号：2020GZD06）的资助。

高等职业院校在国家发展战略中的价值和意义重大，但是由于我们过去对高素质的技能型人才培养方面不是特别重视，造成了我国目前高素质的技术技能型人才严重短缺，这类人才的短缺已经成为阻碍我国创新能力提高的重要因素。所以，建设创新型国家必须抓紧对高素质技术技能型人才的培养，而培养高素质技术技能型人才的主要途径是职业教育。在"大思政"背景下，高职院校需努力构建德智体美劳全面培养的教育体系，形成更高水平的人才培养体系。要把立德树人融入思想道德教育、文化知识教育、社会实践教育各环节，贯穿基础教育、职业教育、高等教育各领域。学科体系、教学体系、教材体系、管理体系要围绕这个目标来设计。只有围绕这些理念进行教育思想理念的改革，才能从根本上为"大思政"格局奠定基础。

  本书对于理论研究及实践成果提炼均有深入阐述，希望能帮助其他兄弟院校找到一条高素质技术技能型人才培养的思路，满足"大思政"背景下的人才培养目标。在人才培养道路上，我们一路同行，旨在培养德才兼备的新时代人才。

作者

2020 年 7 月

目　　录

前　言

第一章　"大思政"背景解析 ... 1
第一节　"大思政"的含义 ... 2
1. "大思政"的含义与由来 ... 2
2. 高校"大思政"体系内涵 ... 3
第二节　"大思政"背景下的人才培养模式改革要求 ... 4
1. "大思政"背景下的人才培养困境与挑战 ... 4
2. "大思政"背景下的人才培养模式改革要求 ... 9

第二章　我国高校高素质技术技能型人才培养模式改革历史 ... 19
第一节　高素质技术技能型人才培养模式改革的历史 ... 19
1. 起步期（1949—1990年年初） ... 19
2. 酝酿期（1990—2006年） ... 21
3. 发展期（2007年至今） ... 23
第二节　高素质技术技能型人才培养模式改革的启迪 ... 25
1. 对高素质技术技能型人才培养的清晰认识 ... 25
2. 明确专业培养目标，科学设计人才培养方案 ... 26
3. 根据人才培养方案创新人才培养模式 ... 27
4. 课程与"大思政"格局构建 ... 33

第三章　国外高校高素质技术技能型人才培养模式研究 ... 38
第一节　美国高校高素质技术技能型人才培养模式探究 ... 38
1. 美国高校高素质技术技能型人才培养模式的主要特征 ... 39
2. 美国高校高素质技术技能型人才培养模式的主要内容 ... 41
3. 美国高校在高素质技术技能型人才培养中的具体实施案例 ... 45
4. 美国高校高素质技术技能型人才培养模式对我国的启示 ... 47

第二节　德国高校高素质技术技能型人才培养模式探究...50
      1. 德国高校高素质技术技能型人才培养模式的主要特征.......................................51
      2. 德国高校高素质技术技能型人才培养模式的主要内容.......................................55
      3. 德国高校在高素质技术技能型人才培养中的具体实施案例...............................56
      4. 德国高校高素质技术技能型人才培养模式对我国的启示...................................58
   第三节　新加坡高素质技术技能型人才培养模式探究...61
      1. 新加坡高校高素质技术技能型人才培养模式的主要特征...................................61
      2. 新加坡高校高素质技术技能型人才培养模式的主要内容...................................64
      3. 新加坡高校在高素质技术技能型人才培养中的具体实施案例...........................67
      4. 新加坡高校高素质技术技能型人才培养模式对我国的启示...............................69

第四章　高职院校高素质技术技能型人才培养的要求...73
   第一节　高素质技术技能型人才培养概述...73
      1. 高素质技术技能型人才的内涵...73
      2. 高素质技术技能型人才培养的理论基础...75
      3. 高素质技术技能型人才的素质构成...76
      4. 高素质技术技能型人才的地位...77
      5. 高素质技术技能型人才的作用...78
   第二节　高素质技术技能型人才培养的必要性...79
      1. 时代要求...79
      2. 新兴产业和传统产业升级对人才的新要求...80
      3. 高职教育改革发展的要求...81
      4. 提升社会对职业教育认可度的要求...81
   第三节　高素质技术技能型人才职业素养要求...82
      1. 职业素养的内涵...82
      2. 职业素养的特征...89
      3. 职业素养的作用...90
      4. 职业素养的要求...91
   第四节　高素质技术技能型人才职业核心能力要求...96
      1. 职业核心能力的内涵...96
      2. 职业核心能力的特征...98

  3．职业核心能力的重要性 98

  4．职业核心能力的要求 99

 第五节 高素质技术技能型人才专业能力要求 102

  1．专业能力的内涵 103

  2．专业能力的特征 103

  3．专业能力的重要性 104

  4．专业能力的要求 104

第五章 "大思政"背景下高职院校 IT 类专业高素质技术技能型人才培养体系构建 107

 第一节 党建引领 107

  1．党支部的"三双"工作模式 108

  2．党建引领专业建设的总体建设思路和建设目标 109

 第二节 人才培养目标定位 112

  1．人才培养定位的内涵 113

  2．人才培养定位的目的和意义 118

  3．人才培养定位的方法和途径 121

  4．高素质技术技能型人才的培养目标 125

 第三节 "多元协同、德技并修、工学结合"人才培养模式 127

  1．多元协同 127

  2．德技并修 131

  3．工学结合 133

 第四节 全面加强师资队伍建设 134

  1．建立分层分类的教师专业标准体系 134

  2．联合行业企业培养高层次"双师型"教师 136

  3．打造高水平结构化教师教学创新团队 138

  4．深化突出"双师型"导向的教师考核评价改革 140

  5．加强党对教师队伍建设的全面领导 141

 第五节 课程体系构建与课程建设 142

  1．课程体系构建与课程设置的思路 142

  2．课程体系构建的注意事项 143

  3．专业群课程体系构建的要点 146

  4．专业群课程设置实例 148
第六节　实训基地建设 171
  1．实训基地建设的原则 171
  2．校内实训基地 173
  3．校外实训基地 175
第七节　校园文化建设 177
  1．校园育人文化建设 177
  2．校园精神文化建设 179
  3．校园制度文化建设 180
第八节　内部质量保证体系构建 182
  1．内部质量保证体系构建的背景和依据 182
  2．内部质量保证体系构建的目的和意义 183
  3．内部质量保证体系诊断与改进的内涵及主要任务 183
  4．内部质量保证体系的构建 184

参考文献 190
后　　记 197

第一章　"大思政"背景解析

在 2016 年 12 月 7 日至 8 日的全国高校思想政治工作会议上，中共中央总书记、国家主席、中央军委主席习近平出席会议并发表了重要讲话。他强调，高校思想政治工作关系高校培养什么样的人、如何培养人以及为谁培养人这些根本问题。要坚持把立德树人作为中心环节，把思想政治工作贯穿教育教学全过程，实现全程育人、全方位育人，努力开创我国高等教育事业发展新局面。

同时，为深入学习贯彻党的十九大精神，进一步落实全国高校思想政治工作会议要求，各地高校在实践中不断探索高校思想政治工作规律，有效提升了思想政治工作质量。

再者，习近平总书记在学校思政课教师座谈会上重要讲话中着眼培养社会主义建设者和接班人，高度评价思政课教师队伍在铸魂育人、立德树人方面的重大作用，深情嘱托广大思政课教师要给学生心灵埋下真善美的种子、引导学生扣好人生第一粒扣子，对加强思政课教师队伍建设提出了明确要求。习近平总书记的重要讲话，立意高远、情真意切，令人鼓舞、催人奋进。

立德树人关系党的事业后继有人，关系国家前途命运。不管什么时候，为党育人的初心不能忘，为国育才的立场不能改。认真学习贯彻习近平总书记重要讲话精神，加强党对思政课建设的领导，坚持立德树人、培根铸魂，我们就一定能培养好担当民族复兴大任的时代新人，为实现亿万人民的伟大梦想筑牢坚实基础。

第一节 "大思政"的含义

1. "大思政"的含义与由来

就高校而言,"大思政"主要指运用社会、高校中一切可能的力量做好大学生思想政治工作。思想政治工作是在全党全社会共同开展的实践活动,需要各方面的力量共同参与,以及相应的领导和工作体制作为支撑。

我们党早在新民主主义革命时期就提出:"对干部、战士和党内外人员都要开展宣传工作,宣传中国共产党的政治理想,以及全心全意为人民服务的宗旨。同时要求,政治动员工作不仅在军事区域展开,而且要延伸到根据地建设及群众生活的方方面面。"新中国成立以后,毛泽东同志提出,"全社会要共同来做思想政治工作"。1957年,毛泽东在《关于正确处理人民内部矛盾的问题》中提出,"思想政治工作,各个部门都要负责任。共产党应该管,青年团应该管,政府主管部门应该管,学校的校长教师更应该管"。

改革开放以来,随着经济社会的快速发展和变革,思想政治工作出现了新情况。在这个背景下,20世纪90年代提出了扩大思想政治工作"覆盖面"的任务,由此成为思想政治工作实践和研究的重要议题。1999年,党中央下发《中共中央关于加强和改进思想政治工作的若干意见》,强调"要在党委统一领导下,充分调动社会各方面的积极性,形成职责明确、齐抓共管、履盖全社会的工作机制"。2000年召开的中央思想政治工作会议,进一步明确了思想政治工作"覆盖全社会"的目标。可以看出,改革开放以来,我们党一直强调思想政治工作要"扩大覆盖面""建立新格局"。

随着历史推进,在党的实践和理论探索过程中,逐步提出了"大思政"格局的思想和目标。"大思政"格局是指高校思想政治工作的体制、机制、布局及运行形态,在这项工作体系中具有整体性意义,事关这项工作的全局和战略发展。

2017年，教育部下发《高校思想政治工作质量提升工程实施纲要》，要求积极探索和构建大学生思想政治工作"一体化育人格局"，提出建构"十大育人体系"。要高度认识建构高校思想政治工作"大思政"格局的意义，通过多方参与，实现协同推进，切实提升高校大学生思想政治教育工作的水平和质量。

2. 高校"大思政"体系内涵

若想共同推动形成高校"大思政"体系，需要从以下几个方面行动起来：一是加强高校思想政治工作，将思政工作覆盖至高校师生的方方面面；二是统筹三大规律，即思想政治规律、教书育人规律和学生成长规律；三是统筹三大格局，即领导格局、工作格局和反馈格局。那么究竟要如何来统筹三个格局呢？以下将重点阐释三大格局的统筹方式与方法。

领导格局是推动高校形成"大思政"体系的重要保障。一般可以从三个层次抓起：地方党委抓高校的思想政治工作制度、高校党委的领导制度和高校内部党组织的领导制度。众所周知，高校是从属于地方管辖的，需要遵循地方的管理制度，由此，地方党委及相关部门便要履行相关职责。地方需要齐心协力，形成党委统一领导的工作格局，让党政一心，齐抓共管，各个职能部门相互组织协调配合，调动社会各方积极参与工作，形成一种工作合力的氛围。同时帮助高校构建"三结合"的教育网络，即校、家、社，带动学校、家庭和社会共同肩负起高校大学生教育的职责，一起发力。此外，高校党委要担负高校思想政治工作的主体责任，全面领导本校的思政工作。各级领导班子成员要切实履行"一岗双责"，结合各自的岗位职责和业务范围，明确各自的责任，结合实际情况抓好思想政治工作和党的建设工作，为推动"大思政"体系的形成砌好坚实的堡垒。最后是高校内部各个组织之间，要形成联动格局。《中共中央、国务院关于加强和改进新形势下高校思想政治工作的意见》明确要求，学校党委、学院（系）党组织和基层党支部三级构建高校内各级党组织领导和组织大学生思想政治工作的格局。这种制度安排把大学生思想政治教育工作的领导纳入各级党组织，为大学生思想政治教育工作贯穿教育教学全过程提供组织保证。

  工作格局是核心，是指思想政治工作过程中"全员、全过程、全方位"的"三全"育人格局。在全国高校思想政治工作会议上，习近平总书记强调，要把思想政治工作贯穿教育教学全过程，调整好高校思想政治工作与国家和社会、高校思想政治工作与大学生思想政治教育工作、思政课与各门课程、哲学社会科学及内部体系、校园内外各种育人要素之间的关系，建构起"全育人"工作格局。建设"三全"育人格局，要用好课堂教学这个主渠道，思想政治理论课要坚持在改进中加强，提升思想政治教育亲和力和针对性，其他各门课都要守好一段渠、种好责任田，使各类课程与思想政治理论课同向同行，形成协同效应。此外，高校教职工是大学生思想政治教育工作的重要力量，要做到"全员"育人，整体推进高校大学生思想政治教育工作专门队伍建设。

  反馈格局主要指责任分解、落实和检查制度，突出体现为责任落实和责任反馈机制。高校思想政治工作能不能抓出成效，关键在党委。因此，必须不断强化责任担当，做到敢抓敢管、善抓善管、常抓常管、严抓严管。全国高校思想政治工作会议提出，要建立高校思想政治工作责任制，把高校思想政治工作纳入党建工作责任制、纳入意识形态工作责任制；组织、宣传、教育等部门各负其责的责任制；高校党委管党治党、办学治校的主体责任制、坚持和完善党委领导下的校长负责制，从而形成高校思想政治工作"大思政"格局的责任格局。严格落实意识形态工作责任制要求，将思想政治工作纳入领导班子、领导干部目标管理责任，与教学科研工作一起部署、一起落实、一起检查、一起考核，通过制度落实"大思政"要求。

第二节 "大思政"背景下的人才培养模式改革要求

1. "大思政"背景下的人才培养困境与挑战

  "大思政"并不是思想政治教育工作的一个具体的方法或模式，"大思政"描述的是思想政治教育工作的应然状态。应然状态下的思想政治教育应当把思想政治教育工作贯穿于所有学科的教学过程中，每一位教师成为思想政治教育工作者，思想政治教育应当渗透到学校生活的全部领域或全部空间。

然而在"大思政"背景下，高校人才培养面临着种种困境和挑战，其中教育的功利化、课堂教学中德育工作的不适应、缺乏科学的评价体系、师生关系的不和谐等因素是造成这种困境的重要根源。

（1）教育的功利化对"大思政"背景下人才培养模式构建提出了挑战。我们都知道，教育作为社会子系统，成为了社会发展长河中不可或缺的重要的一部分。我们的教育决策者通常会十分重视社会需求对于教育的影响，亦习惯于从该角度去强调教育的重要性和基础性。因此，在教育的发展史上，其通常是作为一种社会工具而存在，其发展变化皆与社会发展变化紧密相关。当市场经济体制建立之后，伴随着知识经济时代的来临，教育的工具性和经济性凸显得特别明显。不难看出，市场机制的建立使得人们渴望追求物质利益，在这样的社会背景下，教育本应该着重从精神关怀的角度出发，提升人民的人格层次，可是事实上，我们的教育并没有起到这样的作用，反而使得人们越来越喜欢追求那些明显的效益和实实在在的功利，最明显的特征便是表现在专业设置方面，其直接与市场需求相联系。这让人们觉得本应是"囊括大典，网罗众家之学府"的大学，却无意之中成了高等职业的中介角色。池田大作在与汤因比的对话录中指出："就教育来说，确实可以从中得到很大的实利效果，但这终归是作为结果而自然形成的。若把实利作为动机和目的，这不是教育应有的状况。在现代技术文明的社会中，不能不令人感到教育已成了实利的下贱侍女，成了追逐欲望的工具。"为此，他呼吁要把"为社会的教育体系"转换成"为教育的社会体系"，他认为这种转换是 21 世纪教育的当务之急，因为"把教育视为一种手段，也就等于把人视为一种手段"。因此，就算我们不能完全割断教育与社会的本质联系，但是如果让人们一味地追求功利，从而忽略了教育的本身价值中所传达的伦理道德精神，这将是一种本末倒置的做法，且是对教育的亵渎。

正如人们所见，现在教育的功利化使其偏离了原本的方向，朝着一种病态的趋势在发展。当今中小学有些以升学为主要目标，大学有些以就业为目标，似乎在人们心中，塑造出高技能水平的"人才"才是最重要的，"成人"这一目标已经不知不觉弱化了。在这种情况下，全民的教育观念面临着大变化，教育的功利化刺激了高校思想政治教育工作不得不思考未来的发展方向，正如北京大学钱理群教授在"理想大学"专题研讨会上说道："我们的一些大学，包括北京大学，正在培养一些精致的利己主义，他们高智商、世俗、老到、善于表演、懂得配合、更善于利用体制达到自己的目的。"当大家逐渐意识到教育的功利化成为未来人才培养的一大阻碍时，思想政治教育才会慢慢从被边缘化的境地扭转回来。

（2）课堂教学中德育工作的不适应对"大思政"背景下人才培养模式改革造成了影响。纵观我国高等教育的现状，在以往的工作内容、方法和途径上，主要通过政治理论课对学生进行马克思主义理论教育，帮助学生树立正确的世界观和人生观；通过形势与政策课，对学生进行爱国主义和党的路线、方针、政策的教育，使学生树立正确的政治立场、政治态度；通过思想品德课，对学生进行科学的人生观和道德教育；结合业务课教学，开展"教书育人、管理育人、服务育人"教育；通过党团组织活动、课外实践活动和日常管理，对学生进行日常思想政治教育。这些途径都对学生的成长与成才起到了积极的作用，较好地发挥了德育的功能。但面对新型人才培养模式，对德育工作的基本思路、方法、途径和对象以及德育队伍本身来讲，德育工作也存在不适应或不足。主要有以下四个方面：第一，从德育工作的基本思路上来看，现行德育教育较多的是立足当前，还没有脱离老的思想政治工作的基本模式，缺乏对未来人才培养模式的积极思考，德育工作的地位还没有得到足够的重视，客观上造成了重业务课教学轻德育教育的现象；第二，在教育的途径和方法上，存在着"日常教育与课堂理论灌输相脱节""重形式轻实效""重行为轻信念"的弊端；第三，在德育队伍中，存在着队伍不稳定、素质构成单一、不能适应21世纪对人才培养特别是素质培养的需求的问题；

第四，在德育教育对象上，只重视当前情况下学生的思想脉搏，对学生未来思想状况发展的预见性相对不足。

（3）缺乏科学的评价体系对"大思政"背景下人才培养模式推进形成了阻碍。评价体系往往决定了人才培养的重大决策，譬如，中小学如果将学生的考试成绩和升学率作为评价指标，忽略学生的思想品德教育，这将必然导致学校教育趋向于功利化，对于学生品格养成产生非常不利的影响。客观地讲，对教育的效果或者对教师的工作成果进行客观的评价是相当困难的。无论是从教育本身的职能出发，还是从知识与能力学习出发，均不能单一地制定评价体系。若是站在教育职能的角度，一般将从两个层次来建立评价体系：第一个层次是学生的人格是否健全，当然，人格的形成与培养并不是一朝一夕便可完成的，这是一个漫长的复杂的过程，在制定评价体系时得从学生不同阶段的人格养成出发；第二个层次便是学生的知识与能力是否达标，此项是否达标并不是靠某一次的考试或者测评体现出来的，而应该通过综合评价来实现。由此可见，教育的评价是一个相当困难的事情，就目前而言，科学的评价体系还未真正建立起来，不论是针对教师还是针对学生，都还未形成有效的评价体系。评价体系是激励机制的基础，如无好的科学的评价体系，那么激励机制便是不完整的，这也是阻碍"大思政"目标实现的重要因素之一。

（4）师生关系的不和谐对"大思政"背景下人才培养模式的实施提出了更高的要求。师生关系是高校里面最为基本的人际关系，是指教师与学生在教育实践过程中各自的地位、作用、价值及其相互作用的状态。在高校思想政治教育活动中，师生关系的和谐与否直接影响到教育效果。

当下环境里，师生关系的不和谐主要表现在三个方面：

一是师生之间的教育关系出现错位，影响师生之间的良性互动。站在教师的角度来看，很多教师将思想政治教育仅仅当作一项教学任务来完成，已然丧失了教学热情，缺乏有效的课堂组织，教育内容空泛，忽视了学生个体的价值认同和思想意识的自我构建。从学生的角度来看，大部分学生对思想政治课不重视，自然对思想政治老师也不重视,由此便出现了"厌学""逃学""厌师"等不好的现象。在这样的情况下,师生连基本的交互都谈不上,又何谈良性互动呢？教师和学生仿佛是两条平行线,并无交集,这样师生双方的主体力量均得不到最大程度的发挥,严重阻碍了教学目标的实现。

二是师生在教育过程中不平衡的心理状态给思想政治教育带来了很大的难度。目前在高校里面许多大学生对思想政治教育缺乏心理认同,不愿意且认为没必要和教师进行学习和情感的交流,只是单纯觉得上课就只是上课,学习仅仅只是学习,并未感觉到学习、教师、校园等这些元素会对自己的思想和价值观形成有影响。许多教师也将思想政治教育看作通过教学对大学生思想进行控制和转化的过程,将主要精力集中在书本知识的传授上,缺乏与学生进行人际情感的互动。于是,师生之间难以建立起真诚和信任。师生关系往往较为冷漠,甚至出现对立和冲突的极端现象。在这样一种师生心理失衡的状态下,思想政治教育将很难完成教育人、塑造人、提升其思想道德境界的功能和任务。

三是师生的责任和义务履行意识不足,这也是师生之间的一种伦理关系。师生之间的伦理关系是指在教育教学活动中,教师与学生构成一个特殊的道德共同体,各自承担一定的伦理责任,履行一定的伦理义务。师生之间的伦理关系一般包括两个方面,一方面是教师要善于教乐于教,另一方面是学生要善于学乐于学。良好的师生伦理关系能够在思想政治教育中对师生之间的教育关系和心理关系产生积极作用。可是现如今高校思想政治教育中,师生之间的权利义务关系混乱,师生关系不平等、不民主,教师只关注教育的整体和结果,忽视学生的个体差异和教育过程对思想健康发展的要求和影响,学生的主体性、创造性受到制约。学生对教师也只是一种表面上的认可和接受,个别学生还表现出对教师及其所传授内容的不尊重和反感,看不到教师对自己的关心和帮助,对教师的批评教育不能正确理解,师生关系陷入二元对立。基于这种师生关系的思想政治教育活动,很难培养学生的批判、反思、创新的思想意识和能力。

在高校中,师生之间的教育关系一旦出现这样的错位,带来的后果将会十分严重,"大思政"格局将难以实现,必须对人才培养模式进行改革,才能有效改善当下的现状。

2. "大思政"背景下的人才培养模式改革要求

随着社会的不断发展,高等职业教育亦在不断改变,主要原因在于人才需求与社会的发展之间存在着紧密联系,随之而来的是高等职业教育对人才的要求也随着社会的发展而不断改变。目前高等职业教育界普遍关注的热点问题便是如何培养出具有高等职业教育特色的人才,从而推动教育改革,培养出社会所需要的紧缺的高技术人才。当然,教育改革是一种迫切的要求,同时也是一种机遇和挑战,高等职业教育培养人才的模式要以适应社会对人才的需求为目标,从而实现进一步改革。此外,在新时代社会中,我国越来越重视教育事业的发展,所以说在"大思政"教育背景下给高职课程教学提出了更高的要求。把原本传统的教学模式中存在的不足和缺陷进行完善和创新,从而也在很大程度上促使学生的思想政治观念和觉悟发生了巨大的变化。

"大思政"背景下的人才培养模式改革一般从以下几个方面进行探讨:一是教育思想理念的改革;二是人才培养目标的改革;三是专业设置的改革;四是课程体系的改革;五是培养制度和渠道的改革。接下来将详细分析"大思政"背景下的人才培养模式改革思路。

(1)教育思想理念的改革要求。习近平指出,培养什么人,是教育的首要问题。我国是中国共产党领导的社会主义国家,这就决定了我们的教育必须把培养社会主义建设者和接班人作为根本任务,培养一代又一代拥护中国共产党领导和我国社会主义制度、立志为中国特色社会主义奋斗终身的有用人才。这是教育工作的根本任务,也是教育现代化的方向目标。

习近平强调,要在坚定理想信念上下功夫,教育引导学生树立共产主义远大理想和中国特色社会主义共同理想,增强学生的中国特色社会主义道路自信、理论自信、制度自信、文化自信,立志肩负起民族复兴的时代重任。要在厚植爱国主义情怀上下功夫，让爱国主义精神在学生心中牢牢扎根，教育引导学生热爱和拥护中国共产党，立志听党话、跟党走，立志扎根人民、奉献国家。要在加强品德修养上下功夫，教育引导学生培育和践行社会主义核心价值观，踏踏实实修好品德，成为有大爱大德大情怀的人。要在增长知识见识上下功夫，教育引导学生珍惜学习时光，心无旁骛求知问学，增长见识，丰富学识，沿着求真理、悟道理、明事理的方向前进。要在培养奋斗精神上下功夫，教育引导学生树立高远志向，历练敢于担当、不懈奋斗的精神，具有勇于奋斗的精神状态、乐观向上的人生态度，做到刚健有为、自强不息。要在增强综合素质上下功夫，教育引导学生培养综合能力，培养创新思维。要树立健康第一的教育理念，开齐开足体育课，帮助学生在体育锻炼中享受乐趣、增强体质、健全人格、锤炼意志。要全面加强和改进学校美育，坚持以美育人、以文化人，提高学生审美和人文素养。要在学生中弘扬劳动精神，教育引导学生崇尚劳动、尊重劳动，懂得劳动最光荣、劳动最崇高、劳动最伟大、劳动最美丽的道理，长大后能够辛勤劳动、诚实劳动、创造性劳动。

在教育事业中，高等职业教育在社会经济发展长河中扮演着不可替代的角色，职业教育的发展与社会经济、科技的发展具有协同性，二者相互滋长，不可分割。一方面，社会经济的发展水平将决定职业教育的发展模式，职业教育的特征会随着社会发展而不断变化；另一方面，职业教育的发展情况亦会促进社会经济的发展。

既然高等职业教育对社会经济发展如此重要，那么职业教育必须要梳理可持续发展的思想，将社会实际需求作为可持续发展的导向，储备足够的力量以应对经济全球化的挑战。在"大思政"背景下，高职院校需努力构建德智体美劳全面培养的教育体系，形成更高水平的人才培养体系。要把立德树人融入思想道德教育、文化知识教育、社会实践教育各环节，贯穿基础教育、职业教育、高等教育各领域，学科体系、教学体系、教材体系、管理体系要围绕这个目标来设计。

只有围绕这些理念进行教育思想理念的改革，才能从根本上为"大思政"格局奠定基础。

（2）人才培养目标的改革要求。我国职业教育的人才培养目标：为生产第一线和工作现场服务的，承担将设计、规划、决策、规范转化为现实产品其他物质形态以及对社会产生具体作用的高等技术应用型人才。这种人才既要掌握必备的基础理论知识和职业素养，又要掌握较强的发现、解决生产实际中所遇问题的实践能力。这一类的人才主要是偏向于实践操作，不需太过追求基础理论知识，但是又要介于普通高等教育和中等职业教育之间，具有超强的实践能力，能够独立运用所学技术解决生产过程中的诸多实际问题。这一要求是区分其与普通高等教育与中等职业教育的主要点，是专属于高等职业教育的办学特色。因此，在高等职业教育中，要加强专业课的实用性教学，由此才能培养出适应社会需求的高层次技术技能型人才。

在"大思政"背景下，随着教育理念的改革，高职院校的人才培养目标将会发生一系列变革。这场改革主要集中体现在高素质和技术技能型两个关键词上面。

1）高素质指不唯学历、不唯能力，关键看是否能成为某一岗位上最称职、最合适的员工，懂得为人处世，有着与时俱进的头脑，适应社会的高科技水平等。南京大学名誉院长赵曙明说过："转型经济下的中国正经历一场全面而深刻的变革，社会结构日益复杂、利益格局深刻调整、思想观念不断变化、价值追求日趋多元化，这对我国人才队伍建设工作提出了新问题、新挑战，人才必须具备更高的素质和能力。尤为重要的是，要具备知识、胆识、见识和共识，做到'四识'齐备，为实现中华民族伟大复兴的宏伟目标作贡献。"概而述之，"四识"是包括理论修养、政策水平、渊博学识、决断能力、创新精神、宽广视野和求同存异在内的综合素养，是德与才、胆与识、勇与谋、个人与集体的有机统一。"四识"与人才资源的高素质、高积极性、高协作性、高自律性高度统一，体现了对事业的追求、对责任的担当。培育"四识"，需要在实践中长期不懈地学习、汲取、积淀和锤炼。中国全面建成小康社会，实现中华民族复兴的伟大事业，呼唤更多"四识"齐备的人才脱颖而出。

"致天下之治者在人才"。习近平总书记对人才工作提出了许多重要论述，其中有一个重要论断为我国在新时代背景下如何开展人才培养工作提出了重要依据，即"没有一支宏大的高素质人才队伍，全面建成小康社会的奋斗目标和中华民族伟大复兴的中国梦就难以顺利实现"。在2018年的全国教育大会上，习近平总书记进一步强调指出："要努力构建德智体美劳全面培养的教育体系，形成更高水平的人才培养体系。我们正处于社会经济转型阶段，打造高质量发展模式，培育市场新动能，提高科技水平，提升国家竞争力，实现中华民族伟大复兴，均需要培养大量高素质人才，提升国民整体素养。"由此可见，高素质人才培养是高校当下人才培养的重要目标之一。

　　2）技术技能型人才是高职院校培养的主体。教育部在《关于推进中等和高等职业教育协调发展的指导意见》（教职成〔2011〕9号）中指出："中等职业教育是高中阶段教育的重要组成部分，重点培养技能型人才，发挥基础性作用；高等职业教育是高等教育的重要组成部分，重点培养高端技能型人才，发挥引领作用。完善高端技能型人才通过应用本科教育对口培养的制度，积极探索高端技能型人才专业硕士培养制度。"其中高职教育培养的人才，主要是高端技能型人才，即技术技能型人才。易顺明在《高端技能型人才内涵浅析》一文中以人才培养的不同路径为依据，将技术技能型人才培养分成了两大类：第一类是以技能为主，这主要是针对在中高职衔接机制下由中职升迁至高职的学生，他们一般应该具有一定的技能基础，能够具备技师的相关技能水平，后期可以朝着高级技师的方向发展，这一类人才往往是高技能人才；第二类是以技术为主，主要是针对普通高中经过高考之后进入高职院校的学生，他们应该既具有一定技能，又具备较高技术能力，后期可以考取职业资格证书或者是专业技术证书。由此可见，技术技能型人才，既要具备基础理论知识，又要能够服务于生产一线，同时还具备更高的技术水平，能胜任一线的管理工作。这样的人才就必须具备高素质，由此，高职院校若想突破现状，就得走上改革的道路。

　　综上，不论是培养高素质人才，还是培养技术技能型人才，都是高等教育人才培养改革面临的迫在眉睫的任务。高等职业院校在国家发展战略中的价值和意义重大，但是，由于我们过去对高素质的技术技能型人才培养方面不是特别重视，所以现在高素质技术技能型人才极其短缺，这种现状将在一定程度上影响我国的创新能力。因此，要想建设创新型国家，就必须抓紧对高素质技术技能型人才的培养，而培养高素质技术技能型人才的主要途径是职业教育。我国职业教育应将培养适应现代化建设需要的高素质技术技能型专门人才和高素质劳动者作为自己在建设"创新型国家"中的根本任务和价值选择。

（3）专业设置的改革要求。专业设置是高校培养人才的一个前提条件，属于基础性的设置，能够直观反映出人才培养的能力与未来就业方向之间的对应关系。高职院校在进行专业设置时不仅要考虑到学校发展规划、教学条件、师资队伍、学生水平等，更需要将地域经济发展要求列入其中，要以社会需求为导向，顺应社会经济发展的要求和现代化产业发展的趋势。除此之外，专业设置要科学、合理，能够凸显出自身的专业优势与办学特色。

首先，我们需要明确"大思政"背景下高职院校IT类高素质技术技能型人才在当下环境中具有哪些特点。众所周知，我国的高等教育分为普通高等教育和高等职业教育两大块。一般情况下，普通高等教育的专业设置是按照知识进行分类的，知识决定了学科的区别，其专业属于学科型的专业。而高等职业教育的专业设置是按照服务的领域或者对象进行分类的，其专业是属于技术型的专业。技术型的专业与学科型的专业有着明显不同，其更强调职业岗位技术工作的实际应用，是否匹配岗位等，与普通高校相比，高职院校"高素质技术技能型专业"设置的改革可以从以下几个方面展开。

1）"高素质技术技能型专业"的设置要以社会需求为导向，立足地区及周边。目前，在全省各地市均拥有一家以上综合性或专业性高等职业技术学院，"立足地市，面向全省，放眼周边"是比较合适的市场地域范围。

"立足地市"是指高等职业院校生源来源于本地区，就业市场也是本地区，以服务于本地区经济为己任。再者，专业设置一般针对地方特色经济而开设，为当地特色辐射全国做支撑。此外，立足地市可以大大降低办学成本，当地将会给予大力支持。

"面向全省"意思是说同一地区的高职院校可以由省级教育行政部门统一管辖，统筹安排与布局各高校的专业设置，做到查漏补缺、优势互补、协同发展。另外，当各地市的高职院校具有相同专业的毕业生时，全省可以提供一个更为广大的平台，促使其公平竞争，形成优势劣汰的局面。

"放眼周边"则是指各高职院校的毕业生，不要局限于本地市，可以到周边省市区进行工作，同时，少数具有国际竞争力的专业毕业生，还能够输送至国外深造，进一步提升技术技能水平。

从行业发展和岗位变化来看，"以市场需求为导向"不但要考虑当前市场需求，更应考虑若干年内持续的市场需求。对于"朝阳专业"应积极发展，对于"夕阳专业"应及时调整，而对于"昙花专业"，不办也可。

2)"高素质技术技能型专业"的设置应以职业岗位为依据，针对岗位群设置专业群。一般情况下，每个行业可以针对其每个岗位设置一个专业，当然，这种情况主要是针对就业相对稳定和需求量较大的岗位。如果是变动性较大且需求量一般的岗位，一般可以设置岗位需求相近的专业群，这样有利于毕业生更广泛地选择就业岗位，能够扩大学生的就业面。

3)"高素质技术技能型专业"的设置需要重视实践教学环节，而实践环节必须与校企合作内容紧密结合起来。

重视实践教学环节是高等职业教育的本质特征。在实践教学环节当中，教学内容与社会要求要一致，体现社会岗位能力的需求，实现职业岗位仿真场景训练，这就要求该专业要设置较为专业的教学基地。在教学实践基地建设中，如果学校资金不足，可以通过校企合作的方式，将学生带到企业实景中进行教学，由此培养学生的岗位实践能力。事实证明，对于技术技能型人才的培养，最有效的办法之一便是模拟岗位训练，所以，有效的校企合作内容可以增强专业的特色。

4)"高素质技术技能型专业"的设置应与职业资格相衔接，证明职业能力，增强就业竞争力。"高素质技术技能型专业"的设置要具备检验学生的综合能力的条件，若想印证学生是否属于应用型人才，可以将取得国家职业资格证书作为具备岗位职业能力的标志之一，所以专业设置应该与职业资格衔接起来。而对于学校来说，对职业资格证书的考核要求可以进一步规范学校人才培养的方向，明确专业设置条件及要求，保证教学的质量；对于学生来说，既能证明自身的岗位职业能力，又能增强就业竞争力，是一件两全其美的事情。国家职业资格证书在技术技能型人才培养方面是必不可少的一个环节，我们需要高度重视对学生综合能力的检测与认证。职业资格证书除了技术技能方面以外，现在还可以结合高素质人才培养要求，增加对学生综合素质测评的检测与认证，这样才能培养出高素质的技术技能型人才。

综上，专业设置方面需要顺应产业升级需要，培养崭新技术技能型人才。多年以来的教育改革，使高职院校的专业设置更多地倾向于以就业为导向，已摆脱了学科体系的束缚，以实践应用为核心要求。伴随着产业结构优化升级，许多产业正在被逐渐淘汰，一些新兴产业正在快速崛起，而这些新兴产业主要以新材料、新能源、新装备、新医药及高端装备制造业为代表。因此，现在各新兴行业迫切需要一大批与之相匹配的专业技术人才，这便是高职院校专业设置未来所要面临的各项挑战之一。

（4）课程体系的改革要求。课程是高等院校实现人才培养的重要途径之一，其内容好坏将直接影响高职教育的质量。"课程就是教学内容及其进程的总和，学校课程就是教学内容按一定的程序组织起来的系统。"课程一般分为显性和隐性两个方面。显性课程一般是指在教学计划大纲中明确编制了的教学相关内容，而隐性课程一般是指学生的社会活动、校园文化活动等。简而言之，显性课程重在培养学生的学习技术与技能，而隐性课程重在关注学生身心的健康发展。在"大思政"背景下，高职院校的课程体系改革需要坚持社会主义办学方向和扎根中国大地办教育，把思想政治工作贯穿教育教学全过程，统筹推进课程思政体系建设，使每一位教师都能自觉守好一段渠、种好责任田，着力实现价值引领与知识传授、能力培养有机统一，思想政治教育和知识体系教育有机统一，教书和育人有机统一，言传和身教有机统一。

第一，"大思政"背景下高职院校课程教学要具备战略性。

在"大思政"背景下，我国高职院校专业课程的开展一定要围绕"大思政"的基本目标来完成。要想围绕"大思政"的基本目标来完成，就一定要按照我国政策的相关要求和指导意见来进行课程的改革和创新，积极采用新的教学模式和新的教学手段。同时高职院校专业课程教学一定要具备战略性，也是在"大思政"教育背景下必须要坚持完成的主要目标。相关管理人员和教师一定要重视和关注提升战略性，把提升高职学生的思想政治素质和全面发展当成共同努力的方向和指导思想，并且积极和有针对性地探索高职院校专业课程教学的有效策略，确保在新的社会发展中高职院校专业课程教学能够适应"大思政"教育的基本要求，为我国培养一批优秀的专业性人才。

第二，"大思政"背景下高职院校课程教学要具备创新性。

创新是进步的基础，任何职业或者行业都要不断地创新才能在社会中具有生产的能力。因此，在"大思政"背景下一定要注重高职专业课教学的创新性，只有具备创新性的高职专业课教学才能在教学工作中发挥出巨大的导向作用。这就要求在实际的教学工作中，教师一定要对教学模式、教学方法等方面进行合理的创新和改革，并且以提升学生的思想政治素质为基础来将专业课教学工作纳入到高职教育体系当中，从而有效地提升高职专业课教学的质量和效率。而高职专业课教学质量和效率的提高，不仅仅是提升学生学习能力的保障，也是有效提升学生专业素养的重要举措。希望在以后的高职专业课教学过程中教师能够意识到创新的重要性和必要性，从而为学生营造一个良好的学习环境。

第三，"大思政"背景下高职院校课程教学要具备人本性。

所谓人本性就是在学习的过程中一定要以学生学习能力的提升为保障，坚持以学生为本，一切为了学生更好的发展，以此作为教学的基本目标和奋斗方向。这就要求教师首先要充分了解学生的基本学习情况，分析学生在学习过程中存在的不足之处，再积极地探索和发现高职专业课教学的运行体系，促使高职专业课教学能够充分地发挥出全部的价值和作用。在"大思政"教育背景下一定要以学生为教学主体，教师是课堂中的引导者，要根据学生在学习中出现的问题有针对性地帮助学生合理地处理和面对难题。

综上所述，"大思政"背景下高职院校的专业课程体系改革，一定要具备战略性眼光，有创新改革方式和方法，有明确的合适的以学生为本的教学和人才培养目标。此外，从培养人塑造人的角度来看，要提升高职院校技术技能型人才的综合素养，需要积极践行社会主义核心价值观，高扬主旋律、弘扬正能量，培养学生的人文素养，以此提升学生的综合素养。简而言之，课程设置要突出核心课程的技术技能，紧贴岗位需求，通过增加通用平台课程，提升学生的综合素养，提高毕业生的职业适应度和岗位幸福度。

（5）培养制度和渠道的改革要求。培养渠道就是教育者作用于培养对象，使培养对象参与到一系列认识和实践活动的方式和方法。学校根据自身的具体情况，应该探索适合自身的培养制度和渠道。以重庆电子工程职业学院为例，该校在培养高素质技术技能型人才方面，有自己的体制机制保障。一是以二级机构和干部集中调整为契机，优化完善组织建制，全面推行支部建在专业上，按照教育部"双带头人"标准配优配强党总支部书记和教师党支部书记。这是"大思政"背景下落实党建、思政与专业建设融为一体的重要举措，是保障专业建设稳步发展的手段之一。二是落实"对标争先"工作机制，把党建工作与学校事业发展相结合，与优质校建设挂钩，与党建纪实过程考核挂钩。将党建与思想政治教育项目纳入优质校建设的六大重点项目之首，以学校作为教育部内部质量诊断改进27所试点院校之一为契机，将党建与思政工作列为十大诊改主体内容，建立五链标准体系，依托学校自主开发的质量诊改信息平台加强过程纪实考核，将党建标杆学院和样板支部书记工作情况纳入二级学院年度绩效考核，真正实现大数据管理。在党的领导下开展工作，有思想引领和带头作用，此举可以确保学院师生有前进的方向，能够将"大思政"格局推向专业建设的核心层次，真正使"大思政"与教学日常紧密结合起来。三是完善支部书记培训机制，组织"双带头人"教师支部书记参加"2018年全国高校基层党支部书记学习贯彻党的十九大精神专题网络培训示范班"，利用校本培训和赴厦门大学集中学习培训进一步增强支部书记的工作水平和工作能力，这是组织加强师资队伍建设工作的表现之一。由书记带头学习，可以起到先锋模范作用，让全体师生明白学无止境的道理，深刻意识到"大思政"格局下的教学改革趋势，做好提升自我的准备。

由此来看，以教学途径为主的模式改革，已结合"大思政"背景作出了相应的调整，从学籍管理制度、课程体系构建、教学模式改革、实践教学条件改革、师资队伍建设、学习效果考核、教学质量评价等方面均有较多变革要求。"大思政"背景下的高素质技术技能型人才培养模式会带来教学管理的深刻变革，这就必须要建立起符合这种人才培养模式要求的新型教学管理体系。

第二章 我国高校高素质技术技能型人才培养模式改革历史

中国职业教育经历了很长的发展历程,最早始于古代的技艺教育、技术教育,传统的师徒授艺形式已经较为成熟,且取得了较多成果。到了近代,实业教育的发展对技术技能型人才的需求显著增加,一时间对人才的渴求上升到了新的境界。因此,国家将素质教育、思政教育放在突出的位置,而素质教育、思想教育也随着经济的发展不断发展。《中华人民共和国职业教育法》的颁布,对职业教育的性质、特征、基本法则进行了阐述,之后教育部《关于提高职业教育质量的若干意见》(教高〔2006〕16 号)文件对我国职业教育的类型、专业建设、课程改革进一步进行阐述,这为职业教育的改革和发展指明了方向。

第一节 高素质技术技能型人才培养模式改革的历史

对于高素质技术技能型人才的培养,学术前辈们有着一定的探索研究和实践。本节主要是探讨新中国成立后高素质技术技能型人才培养模式的发展历程,并尝试基于自己的理解对其发展阶段进行划分。

1. 起步期(1949—1990 年年初)

新中国成立初期,为了满足当时社会主义建设的需要,我国仿照苏联的人才培养模式建立了我国高校人才培养模式。1950 年的《高等学校暂行规程》和 1961

年的《教育部直属高等学校暂行工作条例（草案）》等文件对此有着明确的规定。这种专业化的人才培养模式取得了突出的效果，既培养了专业技能人才，也促进了中国的经济的发展，但是这种模式过分重视科学教育而忽视了社科教育，重视智育而忽略了德育，只单方面授予学生知识，而对学生的能力不管不顾，突出短期效益，显然是不利于学生的发展的。一些学者对此提出了改进建议。

这里值得一提的是周恩来同志在新中国成立初期关于教育改革的几个重要思想，其与当下"大思政"格局有着相同的理念。

第一个观点：教育改革的重点是加强思想政治工作。周恩来总理指出教育改革的重点是加强学校思想政治工作。思想政治工作是教育改革的重要内容，学校应该重视学生思想政治的引导和培育。周恩来总理曾指出：新中国的教育"必须反映社会主义的新政治、新经济，必须为广大劳动人民服务，必须适应我们国家社会主义改造和社会主义建设的需要"。

教育的重点，应该明确培养人的方向以及培养什么人。但前提是，教育必须适应国家的政治、经济发展，不仅是我国，任何一个国家都应这样。我国的教育的根本任务，需要既提高思想道德素质又提高科学文化素质，以培养出德才兼备的人才。周恩来总理的论述，对我们教育改革具有重大指导意义。他要求教师"应该继续努力，逐步地学好马克思列宁主义，使自己具备正确的政治观点，加强自己的劳动观点，逐步同工农打成一片"。周恩来的这段论述，透彻地说明了在学校思想政治工作中加强教师队伍思想建设的重要性。加强教师队伍的思想建设，才能更好地开展学生思想政治建设工作，这是学校思想工作建设的重点之一。

关于学校的思想政治工作的方法，周恩来总理指出："要针对学生的思想情况，加强对学生的思想政治教育，培养他们成为忠实于社会主义事业的、勤劳朴素的、体力劳动与脑力劳动相结合的国家建设人才。"加强学生的思想政治教育，是我国教育改革的重点，甚至事关我国发展命运的前途，周恩来总理的论述，为我国教育事业指明了方向，为高校如何培育引导学生指明了方向。

第二个观点：教育改革必须有计划、有步骤地进行，不能毫无方向性、毫无步骤性。在教育改革的问题上，周恩来既强调改革的必要性和重要性，同时又注意到了改革的复杂性、艰巨性和长期性。他指出："一定的文化是一定社会的政治经济在观念形态上的反映，并且是为这种政治和经济服务的。旧中国的教育，主要是推行奴化教育、封建教育和资产阶级教育，是为帝国主义和国内少数统治阶级服务的。新中国的教育与旧中国的教育根本不同，必须反映社会主义的新政治、新经济，必须为广大劳动人民服务，必须适应我们国家社会主义改造和社会主义建设的需要，因此，我们就有必要对接收过来的旧教育作根本性质的改革。"周恩来以辩证唯物主义和历史唯物主义的科学态度，论证了教育改革的必要性、复杂性，阐述了教育改革与政治、经济发展的辩证关系，指出应该从国情出发进行教育改革，为中国教育改革指明了方向，扩充了我国社会主义的教育理论。

1977年恢复高考后，我国高等教育界改变了人才培养模式，以怎样培养人才为重点进行研究，教育部明确将人才培养质量研究作为重点工作开展，学校也应该改变重心，以此为重点展开工作。1985年《中共中央关于教育体制改革的决定》指出，学生独立思考能力和解决能力不足，不能符合社会发展的趋势。因此教育必须改变方向，结合社会发展环境，开拓教育的新篇章。1992年的《全国教育事业十年规划和"八五"计划要点》也强调培养学生的基础知识、科学素质。但在这个时期，我国高校的教育发展还在摸索阶段，还没有明确提出高素质技术技能型人才培养模式等概念。

2. 酝酿期（1990—2006年）

20世纪90年代，随着改革开放的深入，国家和社会对人才的需求不断改变，高等院校也开始尝试对人才培养模式进行多样化改革的筹备。

1992年，中国共产党第十四届全国代表大会上，江泽民同志指出："必须把经济建设转移到依靠科技进步和提高劳动者素质的轨道上来。"1995年5月6日颁布的《中共中央国务院关于加速科学技术进步的决定》，首次提出在全国实施科教兴国战略。江泽民在会上指出："科教兴国，是指全面落实科学技术是第一生产力的思想，坚持教育为本，把科技和教育摆在经济、社会发展的重要位置，增强国家的科技实力及实现生产力转化的能力，提高全民族的科技文化素质。"同年，中国共产党第十四届五中全会在关于国民经济和社会发展"九五"计划和 2010 年远景目标的建设中把实施科教兴国战略列为今后 15 年直至 21 世纪加速中国社会主义现代化建设的重要方针之一。高素质技术技能型人才培养的提出，让教育界广泛关注到高素质人才的培养模式。科教兴国的提出也意味着将高素质技术技能型人才培养放在了突出的位置，从而我国人才培养的发展开启了崭新的篇章。

1993 年的《关于加快改革和积极发展高等教育的意见》对我国高等院校的人才培养模式有着广泛的影响，该意见首次将我国高等教育的经济目标和学术目标、政治目标相结合。1994 年《关于〈中国教育改革和发展纲要〉的实施意见》中强调，要提高我国的教育教学的质量，在培养专业技术人才的同时也应该顺应科技发展。

1998 年颁布的《高等教育法》第五条规定"高等教育的任务是培养具有创新精神和实践能力的高级专门人才"，该表述是高素质技术技能型人才的缩影。而在 1999 年的《中共中央国务院关于深化教育改革全面推进素质教育的决定》中也明确提出"以培养学生的创新精神和实践能力为重点，造就'有理想、有道德、有文化、有纪律'的德智体美等全面发展的社会主义事业建设者和接班人"。这一时期国家制定了多个有关政策进行高素质技术技能型人才培养模式的探索。

随着社会的不断发展和时代的不断创新，我国的高素质技术技能型人才的改革势在必行，并且高素质技术技能型人才也成为各国人才水平的衡量因素之一。2002 年召开的十六大，部署全面开展"人才强国"战略，国家按照社会的发展需要将高素质技术技能型人才的培养作为重要任务。而在 2003 年《中共中央国务院关于进一步加强人才工作的决定》中也强调要优先发展高层次人才队伍。胡锦涛在2006年的两院院士大会上指出，我们要坚持对创新科技人才的培养，也要抓紧时间对创新科技人才队伍进行建设，这就要求要加快建设高素质技术技能型人才的培养队伍。这一时期是高校高素质技术技能型人才培养的酝酿阶段，各个大学开始注重对高素质技术技能型人才培养模式进行分析研究，并尝试将成果进行实践探索。

为贯彻、落实《国务院关于大力发展职业教育的决定》精神，促进高等职业教育健康发展，教育部出台了《关于全面提高高等职业教育教学质量的若干意见》（教高〔2006〕16号），提出了针对高素质技术技能型人才高职院校培养学生的最新标准，即要面向生产、建设、服务和第一线需要培养学生。高素质人才培养的改革已全面开启。

3. 发展期（2007年至今）

2007年3月《教育部财政部关于实施高等学校本科教学质量与教学改革工程的意见》发布，其中明确表示要在四年时间内在全国范围建成五百个创新人才培养实验区。这些实验区主要对高校的教学理念、课程体系等进行创新，并且还鼓励高校根据自身情况进行人才培养模式的摸索，不要千篇一律，而是应该根据学校发展的特点及实际情况进行探索与改革。争取各个高校能够营造多样化的环境，给予学生多样化的培养，而不是墨守陈规，从而满足国家和社会对多样化人才的需求。同年党的十七大胜利召开，十七大报告强调，"提高自主创新能力，建设创新型国家是国家发展战略的核心"，为了实现这一目标，我国高等教育应该"重视培养一线的创新人才，造就世界一流的科技领军人才"。

2010年《国家中长期教育改革和发展规划纲要（2010—2020）》进一步提出国家和社会的发展需要各行业的创新人才，所以当前我国高等教育界的重心是进行改革的深入，如教育体制、教学方法，从而为各类人才的培养创造较好的环境。

2011年的《教育部财政部关于实施高等学校创新能力提升计划的意见》提出

了高等学校创新能力提升计划，又称"2011计划"，以期建立一批协同创新中心，并以协同创新中心为载体与各高等院校、科研机构、行业企业及政府部门等统筹合作，营造有力环境，探索协同模式，从而促进经济、科技的发展。计划重点指出了高等教育质量的关键是创新能力的培养，为各高校的发展指明了方向，同时推动了教育改革发展。

党的十八大指出我国接下来教育发展的战略性任务和目标是"全面实施素质教育，深化教育领域综合改革，着力提高教育质量，培养学生社会责任感、创新精神、实践能力"和"推动高等教育内涵式发展"。党的十八大提出教育改革的重点是学生的创新精神和创新能力，虽然创新精神和创新能力的培养需要不断摸索，但我国经过多年的教育改革，已经形成了适合培养我国高素质技术技能型人才的培养模式，并且人才质量水平也在不断提升。

但是我国教育改革的发展仍面临着一些问题，教育强国的目标需要从教育教学质量、创新人才、应用型人才着手，还需加大改革力度，这也是目前我国教育改革所欠缺的。

经济日报发表过一篇关于培养高素质技术技能型人才的文章，在文中，作者余颖详细分析了当下高职院校的教育现状，以及社会对于高职院校的认知。从文章中可以发现，部分社会人士对于职业院校会存在一些偏见，认为高职院校只是成绩差的学生的选择，这是不对的。2019年5月8日，教育部正式宣布高职要扩招100万人。为此，教育部还联合相关部门和地方政府，在全国落实了115万人的招生计划。

职业教育发展事不容迟。目前，虽然高职院校已扩招，但我国高素质技术技能型人才仍面临较大的缺口。我国经济发展模式已经转变，由追求快速发展变为追求高质量发展，但高素质技术技能型人才供给需求之间的结构性矛盾仍然突出，需要采取有效措施进行改革，从而扩充高素质技术技能型人才，为国家的发展提供有力支撑。

第二节　高素质技术技能型人才培养模式改革的启迪

1. 对高素质技术技能型人才培养的清晰认识

21世纪是知识经济的时代，和以前相比，21世纪的明显特点是不单纯依靠经济增长作为指标，而主要以知识和科学技术作为依赖。一个国家的发展最终还是要依靠人才，依靠高素质技术技能型人才。但是，能够进行知识创新以及从事知识研究开发的仅仅只占少数。高素质技术技能型人才的短缺，体现在公司招聘时无法招聘到合适的人才，一家德资公司的CEO曾极端地表示："中国每年有几百万大学生毕业，我们却找不到合适的人才。"这句话虽然有失偏颇之处，但也揭示了目前我国人才培养的弊端，缺乏实用型人才。在人才培养中，还存在着传统的教育方式和教育理念，高校人才培养目标也不清晰，因此在人才培养以及人才定位时的模糊，导致高素质技术技能型人才的缺乏。

高素质技术技能型人才的素质主要体现在以下三个方面。

一是职业技能。职业技能是高素质技术技能型人才所应具备的最基本素质。包括：掌握基本的职业技能操作方法和操作规范，并达到上岗所要求的熟练程度（一般以取得职业资格证书为准）；树立基本的职业意识，形成与职业或岗位相对应的较完备、合理的专业知识结构等。职业技能是高素质技术技能型人才最基本的素质，也是对技术技能型人才上岗的最基本要求。

二是职场应变能力。它是指高素质技术技能型人才对于职场的变化能够灵活地处理，并随着职场要求的变化而不断增加其技能。包括：及时掌握职场中前沿的动态，并进行及时更新，掌握职业理念和操作方法，从而不断拓宽知识面，形成较为全面的职场能力；并且能够在企业发展或者上市时，获得较好的位置。

三是专业创新能力。高素质技术技能型人才同样需要具备创新能力，其内涵主要包括：不断进行创新，具有专业的能力及水准，能够较好地解决问题，根据工作的需要能够不断提升、创新，进一步拓宽自己的知识架构。专业创新能力能够促使高素质技术技能型人才在职业生涯中有着更大的发展，并且具备自主创业的潜力，实现人生更新的发展。

高素质技术技能型人才的培养并不是一个静态的过程，而是一个不断发展、变化、更新的过程，专业建设就是要实现毕业生从"半成品"成为"成品"、从"不成熟"变成"成熟"。这一转变，需要通过顶岗实习及"订单式"培养方可完成，这样才能实现企业与学校的无缝对接。但是，我们也必须认识到，高素质技术技能型人才的培养并不是一个短期的过程，而是一个长期的过程，需要一定时间的凝练和一定时间的培养。

2. 明确专业培养目标，科学设计人才培养方案

目前，高职院校人才培养目标是培养面向生产、建设、服务和第一线需要的高素质技术技能型人才。专业人才培养方案是实现专业人才培养目标和总体计划的实施方案，是组织专业教育教学过程的主要依据，是对专业教育教学质量进行监控和评价的基础性文件。在专业建设过程中，实验实训设备的选购、师资的引进和培养、教材建设、教学改革等都必须以人才培养方案为依据。专业人才培养方案的设计应该依照以下几个基本步骤进行。

（1）前期进行专业人才需求调研，从而确定本专业毕业生范围和就业岗位群。

（2）根据专业就业岗位群，加强与工程企业和工程技术人员的联系和沟通，确定职业岗位群所需要的职业能力。

（3）针对专业岗位群的职业能力要求，将职业能力分解为基本专业技能和专项技能等构成要素，确定分项专业能力要求，从而确定相应的专业知识结构和要求。

（4）根据专业知识结构和要求，形成课程体系。课程体系首先选择专业课和实训课，根据专业课程对知识的需求选择专业基础课。

（5）根据课程体系的衔接关系和学校资源情况，编写专业教学进程表（教学

计划表），从而形成专业人才培养方案。

在专业人才培养方案编写过程中，应根据专业课程的性质和完成这些课程所需要的条件着手，确定实践教学、校企合作、工学结合、顶岗实习、"双证书"制度、"订单式"培养等各方面的灵活运用。同时，也必须强调掌握基础知识，以便使学生在校期间掌握更多的基础知识，为组织弹性教学、开展动态实践教学和学生的专业拓展提供良好条件。

3. 根据人才培养方案创新人才培养模式

目前，针对高职院校的人才培养模式中，较为常用的是校企合作人才培养模式。在各类高职院校中，校企合作模式开展得非常广泛，其中"订单式"人才培养模式、工学交替校企合作模式、校企合作共建实习实训基地这三种模式是取得成效最多的。在"大思政"背景下，这三种模式究竟要如何改革和创新呢？接下来我们将结合实践情况进行剖析。

（1）"订单式"人才培养模式。"订单式"的人才培养模式是指学校与用人单位签订协议，充分发挥双方教育资源的优势，共同制定人才培养计划并参与人才培养过程及管理，结合岗位需求组织教学，学生毕业后直接到企业上岗工作。

1）"订单式"人才培养模式的特征。这种人才培养模式最大的特征便是由学校和企业双方签订人才培养协议，学校和企业共同参与培养学生，并且企业保证录用评估合格的人才，解决学生就业问题。

该模式的第二个特征是企业可以直接参与人才质量评估，这一点使得学校在制定人才培养方案的时候可以更清晰地认识到社会需求或企业需求，在这样的情况下培养出来的人才能够快速便捷熟练地上手工作，与企业对接快，融合得更好。

该模式的第三个特征是企业要按照协议约定安排学生就业。在"订单式"教育完成之后，企业必须按照订单约定安排合格的毕业生到企业就业。因此录用就业作为"订单式"人才培养模式的基本要素，是区别其他校企合作人才培养模式的一个重要特征。

2)"订单式"人才培养模式的现实意义。"订单式"人才培养模式是现代经济转型和解决企业发展对高素质技术技能型人才需求的有效途径,对于高职院校来说,这种培养模式可以促使高职院校转变教学模式,提升师生素养,解决学生就业等。不难看出,对于高职院校来说,最大的现实意义便是提高了学校的就业率,且通过校企合作有效地完善了专业建设和课程改革,学生在企业内进行定岗实习也节约了学校的办学成本。对于企业来说,最大的现实意义便是减少员工新入职初期的适应时间,还具有稳定的员工输送基地,减少公司的人力资源成本。对于学生来说,最大的现实意义便是规避了就业风险,只要一开始被选中加入"订单式"培养,就既能快速学习与社会接轨的新技能,又能适应工作环境,毕业后还具有稳定的就业渠道,有利于学生的成长和成熟。

3)"订单式"人才培养模式的改革和创新方向。之前由于"订单式"人才培养模式中校企合作的形式较为单一,大多只是解决了企业劳动力的问题,往往学生接触到的技能比较简单,这一现象引起了学生及家长的许多不满,在"大思政"背景下,不论是学校还是企业,都将十分重视学生高素质的培养,乃至技术技能的深入挖掘。在这样的背景下,"订单式"人才培养模式未来的改革和创新方向,将集中到学生的思想培育、素质提升,在此基础上,再结合订单企业的需求进行有针对性的技术技能培养,而不只是常规的事务性工作安排,这样一来,便可以有效地培养高素质技术技能型人才,这也能真正为企业输送一批又一批实干人才。而企业在收获了得力人才之后,便会对"订单式"人才培养更加重视,企业的培养与合作态度也是影响人才培养成功与否的重要因素。

(2)"工学交替"校企合作人才培养模式。"工学交替"校企合作人才培养模式,就是利用学校、社会两种教育资源和教育环境,交替安排校内理论或实训学习、校外实操学习,对学生进行"知识、能力和素养"培养的一种教育模式,其目标是培养"基础实、能力强、素质高"且具有创新能力、实践能力和创业精神的高技能人才。

1)"工学交替"校企合作人才培养模式的特征。其首要特征便是实行学校和企业交替教学与指导实践，以往是学生先在学校进行理论或实训学习，然后再到企业进行实践，"工学交替"人才培养模式是采用在校学习理论知识和到企业进行操作技能实习交替进行的培养模式，使学生能够更好地将所学知识与实践紧密结合在一起。

该模式的第二个特征是，学生通过到企业进行实习可以获得实习补贴，既可为家庭减轻经济负担，还能锻炼学生的独立自主能力。

该模式的最后一个特征是，学生具有学生和职工双重身份，能更深刻地锻炼自身的自主平衡能力，在读书期间，学生若能处理好学校学习和企业实习的双重压力，便能有效提升学生的职业素养和技术技能水平。

2)"工学交替"校企合作人才培养模式的现实意义。"工学交替"的人才培养模式能够把学校和企业紧密联系在一起。对于学校来说，其最大的现实意义就是能够让学生在学习理论的同时参与企业实践，以实现其高素质技术技能型的人才培养目标，通过理论学习与企业实践的交替进行，既能够强化学生的理论基础，提升学生的技术技能水平，又可以培养学生的责任感、爱岗敬业精神、吃苦耐劳精神、抗压能力等。对于企业来说，其最大的现实意义是，当企业任务量大时，让学生到企业实习，能够减轻企业的人力成本；另一方面，通过任务实践可以对学生进行技术技能的考核，以发现和储备后期所需人才。对于学生来说，最大的现实意义就是理论与实践交替学习，能够增强理论与实践结合的能力，及时发现自己与企业需求之间的差距，及时跟进；此外，学生参与企业实践，还能获取一定报酬，可以减轻家里的负担。

3)"工学交替"校企合作人才培养模式改革和创新方向。"工学交替"校企合作的人才培养模式有利于学校培养高素质技术技能型人才，但在进行"工学交替"时，需要提前安排培养计划和教学计划。"工学交替"模式主要是针对企业和学生的需求进行人才培养，在内容上具有灵活性，时间安排上也不固定，这一点势必会使"工学交替"和学校人才培养方案制定产生一定冲突，给学校教学计划安排提出难题。那么未来，如果高职院校还要继续采用"工学交替"校企合作人才培养模式的话，需要进行一定的改变。比如，在学期的开始和末尾安排学校学习内容，而在学期中的时候，可以根据企业或者学生的需求安排学生进入企业实践。这样一来，学生在实践之后，会带来一些反馈，比如知识上的不足、技术上的缺陷、职业素养方面的弱点等，那么学校便可以根据这些反馈进行下一学期的教学安排。如此反复，学生在毕业时，素养一定会得到提升，并且技术技能也会更加成熟，这对于一个毕业生来说是非常大的收获。

对于企业来说，企业一般是追求利益最大化，这与学校培养理念会发生冲突。一方面企业会根据学生的专业技能掌握程度分配不同的工作，这与学校对学生的同质化培养发生冲突；另一方面，企业为学生的培训和日常管理需要花费一定的精力，而这使得部分企业不愿与学校合作，这也直接影响校企合作的效果。未来，高职院校在立足于"大思政"格局的情况下，要思考学生的职业素养的提升，先教会学生做人做事，再有针对性地进行技术技能培养。

而对于学生来说，由于学校学习与企业实习交替进行，会导致很多学生一时间难以转换角色，产生不适应心理，这也是在教育中需要重视的问题。在学校里，需要加强学生的思想政治教育，引导学生形成社会主义核心价值观念，着力培养学生的能动性、积极性、创造性和鲜明的个性，努力提高他们的知识素养、科学素养、人文素养、思想道德水平，实现学生的全面发展。通过这样的方式，学生的心理调试和不适应都会自我调整，从而促进学生的全面发展。

（3）"引企入校"校企合作人才培养模式。"引企入校"校企合作人才培养模式，是指高职院校与企业共同建立实训、培训基地，充分发挥双方优势，培养高素质技术技能型人才的校企合作模式。在这一模式中，企业提供先进的仪器设备、更新设备使用指导人员，并负责培训学校教师；学校提供实训场地，同时也为企业举办产品宣传、展示、交流会，并提供相关工作场地，学校的教师在参加企业提供的培训并通过鉴定后，负责学生的教学工作。

1）"引企入校"校企合作人才培养模式的特征。"引企入校"校企合作人才培养模式的主要特征体现在教师和学生方面。首先对于教师来说，引企入校之后，教师的理论和实践能力能够有所提升，通过企业的培训，教师能够更有针对性地对学生进行理论和实践教学。其次对于学生来说，引企入校之后，学生不用出学校便可以参与企业实践，这样既可以避免出行安全隐患，又可以参与学校活动，能够让学生在学校就可以体验实习，既能度过美好的大学时光，还能获得企业的实践技能培养。一般情况下，"引企入校"的校企合作人才培养模式会通过以下几个方式展开。

第一种方式是校企出资共建校内实训基地，用于培养师生。校企双方共同对实训基地进行规划，根据双方资源优势，承担实训基地硬件或软件建设的任务。实训基地所有权按双方出资份额分享，使用权由双方约定共享。实训基地多建于学校，主要承担学校教学、企业员工培训等任务。这样一来，学生全程参与其中，便可以了解企业的运作方式和对员工的要求，便于自己及早了解到相关要求，然后根据自己的意愿进行有计划的学习，有助于提升学生的自我学习积极性。

第二种方式是学校提供场地，吸引企业到学校开展生产经营活动。实训基地利用企业成熟的产品、熟练的技术工人和经验丰富的管理人员，为学生创造真实的生产实习环境。这样一来，学生能够直接参与企业进行实践和工作。

第三种方式是引产品入校，是指学校在自己建设的实训基地里面配置企业的设备设施、师资力量、学生等，引进企业产品进行加工生产和销售。学生在基地熟练技术、完成顶岗实习。学生对企业的产品了如指掌之后，再去参与该企业或行业工作面试时便会增加许多自信。

通过以上三种方式进行校企合作，合力培养学生，能够很好地达到人才培养目标。在学校里面引入企业，可以便于学校管理，同时还能增强学生的实践技能，这是一种两全其美的合作方式。在技术技能培养的同时，我们也要注意学生在校期间的思想政治学习，学生需要思想的引领，才能看得更高、走得更远。

2)"引企入校"校企合作人才培养模式的现实意义。"引企入校"校企合作人才培养模式是学校、企业、学生三方共赢的一种合作方式。从学校的角度来看，其最大的现实意义是能够通过实习实训基地的建设，解决学生实习的问题，同时在校园里进行实习实训活动的开展，方便学生的日常管理。对于学校来说，能够满足学生实习实训功能之余，还能确保学生日常管理和活动的顺利开展，是最好的局面。从企业的角度来看，其最大的现实意义是教师资源的开发和利用，平时企业在对学生开展实习实训活动时，教师也能参与其中进行学习和提升，然后企业可以利用合作院校的教师的深厚的知识功底，帮助企业进行研发活动；此外，实习实训基地的建设，不仅可以成为企业的后备人才库培养基地，而且也是流动的广告场地，可以扩大企业的影响力。对于学生来说，学生在参与企业的实习实训过程中，接触到了先进的机器和设备，锻炼了动手能力，为就业打好了基础。在学校教师和企业指导老师双重带领下，学生更能理论结合实践，开展一系列的技术创新活动。

3）"引企入校"校企合作人才培养模式改革和创新方向。"引企入校"校企合作人才培养模式未来改革和创新的方向是加强师生对于实训基地的使用，规范实训基地的管理。对于老师来说，只有涉及必须做的任务时才会进入实训基地，平时还是会以正常的教学与科研任务为主。而对于学生来说，有些实验室和学生的专业挂钩并不十分紧密，常常会使得实验室闲置下来，浪费了实验室的资源不说，还给设备维护提出了挑战。因为学生们实践能力参差不齐，难免会对设备造成损坏，这就增加了设备维护的工作量。在这种情况下，学校如何平衡实训室与师生的关系，就成了校企合作最需要关注的地方。本来引企入校共建实训基地，为师生提供实训场地和技术指导是一件特别好的事情，但是，如果没有好的规划和管理，会达不到预期效果。

通过对几种校企合作的人才培养模式的剖析可以看出，在高职院校里，想要培养高素质的技术技能型人才，还是离不开校企合作，企业对于高职院校来说，是一种生命力和营养，能够保持高职院校师生的活力。"大思政"格局下的高职院校，在探索校企合作式的人才培养模式过程中，一定要注重加强学生综合素养的养成，特别是人文素养和职业道德，并且要求企业站在为国家培育人才的角度，发展和培养企业储备人才。

4. 课程与"大思政"格局构建

课程是通过教育途径培养人的核心环节，至今对于课程的定义众说纷纭。值得一提的是施良方先生对课程的定义，其将课程分为六大类：

（1）课程即教学科目。

（2）课程即有计划的教学活动。

（3）课程即预期的学习结果。

（4）课程即学习经验。

（5）课程即社会文化的再生产。

（6）课程即社会改造。

施良方先生对于课程的定义涵盖了起因、过程和结果，比较全面地阐释了课程的具体含义和功能。我们借助施良方先生对课程的六大类定义，结合"大思政"格局下的高职院校如何培养高素质技术技能型人才这一问题展开剖析，探索如何将思政与课程有效结合，从而有助于学生的发展。

首先，我们还需要对课程有一个全面的认识，譬如杨德广教授在《高等教育专论》中提到："课程建设与老师'教什么，怎么教'相关联，与学生'学什么，怎么学'相关联。"谢安邦教授将课程的定义分为狭义和广义两类。"狭义的课程是指被列入教学计划的各门学科，及其在教学计划中的地位和开设顺序的综合。广义的课程则是指学校有计划地开展教学活动而获得的教学效果。与前者相比，广义的课程既包括教学计划内的，也包括教学计划外的。它不仅指各门学科，而且指一切使学生学有所获的努力。"薛天祥教授在其《高等教育学》中亦谈到："学校的课程，一方面是知识传播的媒体，另一方面更是知识生产、创新的'胚芽'，涉及人及教育发展的各个方面。"由此可见，课程的概念虽然复杂，但是对概念都进行了突破，课程不仅仅指课堂教学以及学生培养，而且也是综合课堂内外的教学方式，既明晰了课堂设置内容，也划清了课堂教学和培养学生范围。

从课程的传授内容来看，可以分为理论型课程和技能型课程，基础课程和专业课程，通识教育课程和专业教育课程，学科课程和活动课程。其中理论型课程、基础课程、通识教育课程若要融合思政元素，可以从爱国主义情怀培育、爱校情怀熏陶着手，培养一个学生的价值观，然后再结合理论学习，探讨学习目标及学习成果。如果是技能型课程、专业课程、学科课程，可以从工匠精神、技术研发精神、国家科技进步发展等方面鼓励学生积极自主学习，培养学生自主研发能力。如人文课程、活动课程、情意课程等，则重心为培育学生的职业素质。无论什么类型的课程，若想跟思政元素相结合，必定加强思想政治教育，不能只重视专业技能的培养，而应把素质教育放在突出的位置，才能实现人才培养目标。

从层次结构来看，课程包括公共基础课程、专业基础课程和专业课程，横向课程和纵向课程。根据这个结构来划分的话，公共基础课程与横向课程可以重点融入思政元素，譬如大学公共基础课程中的英语课，不应仅仅注重应试教育方法，而是应融入思政元素，如中国历史发展与英语教学相结合。在思政元素融入时不能生搬硬套，可以从以下几方面进行探索：

第一，在教学目标中体现思想政治教育理念。在教学目标的设置上，不应只注重英语语言的各项知识与技能，还应强调所蕴含的"情感、态度与价值观"，强调对学生世界观、人生观、价值观的引领，并将教学设计贯穿于教学中。

第二，在教学内容中融入思政元素。在课前准备阶段教师就应提前准备，在每个单元，每篇文章中蕴含思政元素，如社会主义核心价值观，挖掘教材与当前形势相结合的内容。同时应该不断搜集素材，如利用知网、图书馆等，教师在挖掘思政元素时，不应仅局限于表面，而应该深度剖析，引导学生能够全方面学习，在学习专业技能时，也能提高素质。

第三，在教学方法上注重灵活与创新。大学英语课堂并不是通过教师灌输式的讲解，而是需要融合思政元素，让学生能够主动思考、参与讨论。教师应该创新教学方法，如开展课堂活动，让学生充分参与进课堂教学中，让学生能够全面地融入到课堂中，从而潜移默化地对学生产生引导。

第四，在教学评价上追求多样化。由于大学英语课程思政的教学涉及思想意识形态方面，教师通过在课堂上布置任务，观察学生的学习进展，并在每堂课上进行总结或通过小组讨论形式，让学生积极参与进行，增强学生课堂活力，从而能够取得较好的效果。

从学习要求看，可分为必修课程、限选课程和任选课程。下面以任选课程为例来分析如何融入思政元素。一般情况下，大学里开设任选课程的主要目的是扩展学生的知识面，增强学生的能力，提高学生的学习主动性，拓宽学生的兴趣。因此，学校可以根据学生的学习特点，有针对性地设置任选课程。这也是"大思政"背景下需要注意的，在课程设置上，不能千篇一律，而应该结合学生的兴趣特点，注重学生综合素质的提高，提高学生的知识框架，增强对社会的适应能力。

此外，在开设专业时，应该结合专业的特点、优势，结合现有资源，开发专业的特色。那么，在设置任选课程的时候，究竟要满足哪些条件方可达到高素质技术技能型人才培养的目标呢？我们建议，可以从以下几个方面着手：一是明确教学目的，把培养学生素质、提高学生技术技能作为教学目的的考查对象；二是结合"大思政"格局，确定课程教学大纲及课程简介，在教学材料中要体现思政元素，将课程与培养学生综合素养紧密相连；三是审查教师的思想政治水平和能力，不论是否是中共党员，所有任课教师一定要以党员的标准严格要求自己，为培养社会主义接班人贡献出自己的一份力量。

从作用来看，可分为传习性（接受性）课程、发展性（拓展性）课程、知识课程、能力课程、素质课程等。在这一类别当中，所有课程都具有可融入的思政元素，譬如传习性（接受性）课程、知识课程、能力课程，主要是以传授知识和技术技能为主要目标，在传授过程中，教师可以融入中国文化、历史底蕴、工匠精神等，培育学生的爱国意识、提升学生的知识和技术技能水平。而发展性（拓展性）课程、素质课程等，则主要是以拓展学生文体艺术综合素养等为主，培养学生积极乐观的学习态度、独立自主的生活态度。在这些课程教学过程中，可以融入中国传统文化教育、职业道德与素养教育和吃苦耐劳的奉献精神培育，旨在塑造一个完善的人，一个能担当起未来历史重任的年轻人。

按照是否有计划和目标，可分为显性课程和隐性课程。隐性课程和显性课程同属于课程的下位概念，从逻辑学上说，它们在内涵上应该是不相容的，在外延上二者之和应当等于课程概念的外延。从这一原则出发，我们不难发现，如果以学生获得的经验是学术性的或非学术性的来限定隐性课程和显性课程，其外延是相容的；如果以教育者的有意和无意、有计划和无计划来区分隐性课程和显性课程，其外延是不周延的；如果把隐性课程界定为校园文化、为预期的学习结果，则又超越了课程的内涵。因为学生在学校中获得的经验（不管是学术的，还是非学术的）很难说是显性课程给的或是隐形课程中学习得来的。

人的学习本身就是整体行为。任何课程都是有计划的，如果无计划，无目标和方向，那么也不能称为课程，而只能叫作偶然的影响。它们之间的区别不在于结果、计划性或存在的环境，而在于学生的接受机制和教师的呈现方式。

就学生的接受机制而言，可以分为有意接受和无意接受两种。对显性课程来说，学生是有自我意识的，能够意识到自己的学习内容、学习方向，因此，学生的自我控制能力也较强。而对隐性课程来说，学生是不清楚的，不知道自己的学习内容、学习目标、学习方向。但对教师来说，在课程教学中，无意识教学以及有意识教学是并存的，但是如果在教学过程中，学生没有感受到教师教学的意义，接受教师的教学过程，那么也属于隐性课程。

就教师的呈现方式而言，在显性课程中教师一般都采用明确的、直接的、外显的方式来呈现教育内容。所谓明确是指教育的痕迹极为明显，教师明白自己在教授，学生也明白自己是在学习。所谓直接是指教师直截了当地把教育内容向学生传授，明确地告诉学生要达到什么目标，应该做些什么，学了之后会有什么结果等。所谓外显就是教育双方都能明白地看到教育的过程。而在隐性课程中教师则采用暗含的、间接的、内隐的方式呈现教育内容。所谓暗含就是在教育实施的过程中教育的痕迹不太明显，学生并不知道自己在接受教师的哪一方面的教育，甚至不知道自己在学习（教师也有可能意识不到自己在教某些东西），也不知道教师在教育自己。所谓间接是指教师不直接向学生明示自己向学生传授哪些知识、技能和价值等，而是通过一定的方式向学生传授信息。所谓内隐是指教育的过程是教师和学生双方都看不见的、隐含在某种客体里面的。所以隐性课程可以说是学生在课堂外无意间习得的由教师以特定方式呈现的文化序列。

习近平总书记在全国高校思想政治工作会议上强调，要用好课堂教学这个主渠道，各类课程都要与思想政治理论课同向同行，形成协同效应。从思政课程到课程思政，体现出教育价值理性的回归。总之，不论是显性课程还是隐性课程，将课程思政的教学改革融入到教育教学过程中，对于高素质技术技能型人才培养的实现具有深远意义。

综上，思想政治教育和大学课堂的有机结合方式，是需要教师不断摸索、学习与实践的，教师应该提高自身的意识水平和思政教育水平，牢记自己教师的责任和义务，明确对学生引导的重要性，不断提高自身的综合素质，践行社会主义核心价值观，为培育德智体美劳全面发展的社会主义建设者贡献出自己的一份力量。

第三章　国外高校高素质技术技能型人才培养模式研究

随着社会的发展，我国的工业技术水平逐步提高，随之对高素质技术技能型人才的需求也逐渐扩大。但目前我国的职业教育难以满足社会的需要，教育水平仍处于发展阶段，随之而来面临的问题是，毕业生进入企业后实践能力差，很多专业知识需要重新学习，提高高职教育质量迫在眉睫，而人才培养模式正是教育过程与教育结果的桥梁，建设良好的高职院校人才培养模式具有重大意义。

世界各国社会背景与文化理念与我国有很多不同之处，而各国高职教育均有不同的发展轨迹。接下来我们将对美国、德国、新加坡高等职业教育领域的人才培养模式进行深入探究，取其精华之处，以期对我国高职教育培养高素质技术技能型人才有一定的参考价值。

第一节　美国高校高素质技术技能型人才培养模式探究

美国高校一直以来都重视人才培养，并且随着美国社会的发展，其课程体系的设置和高素质技术技能型人才培养也在不断发展变化，美国不断创新与变革的历程，奠定了其在世界高等教育中的地位并形成了自己的特色。我国人才培养模式改革较晚，目前还处于探索阶段。

1. 美国高校高素质技术技能型人才培养模式的主要特征

美国高校高素质技术技能型人才培养最大的一个特点便是始终与社会需求紧密结合，教学理念能迅速适应社会发展对科学技术的需求，并及时进行相应的人才培养方案修订和教学计划调整。其主要特征如下所述。

（1）以学生为中心的"个性化教育"理念。"以学生为中心的研究型大学"是锡拉丘兹大学校长肯尼斯肖提出来的，美国其他一些高校也相继出台了相似的人才培养方案，"以学生为中心"是美国高校一直推崇的教育理念。美国大学普遍采用自由学分制，大学生可以自由选择所设置的课程。所以，学生能够根据自己的学习兴趣、特长选择学习课程。同时美国教师也尊重学生的个人特点，在课堂中引导学生积极参与课堂教学，还重视学生在课外的实践能力。例如：斯坦福大学的学生选择主修专业，一般是在大三秋学季结束前或已经完成 85 个学分后。2000 年，该校约一半以上的本科生没确定主修专业，学生可以自主选择，这给予了学生充分的选择空间。美国的多数高校，若大学生对开设的主修课程不满意，经过相关程序办理相关手续，可自己制定一个主修计划和目标，学生可以结合自己的兴趣爱好进行选择。20 世纪 90 年代末，"以学生为中心"的教育理念被联合国教科文组织写入了世界高等教育大会宣言，要求"国家和高等院校的决策者应把学生及其需要作为关心的重点，并应将他们视为高等教育改革的主要参与者，并在现行体制范围内，参与制定政策和院校的管理工作"。这种教育理念和人才培养模式带动了其他国家的高等教育改革。

（2）多元化人才培养模式。美国高校多元化人才培养模式不但重视理论知识的教授，还重视学生的个人能力培养。以哈佛大学为例，其在课程设置方面主要引导学生养成自觉学习的习惯，重视学生个人能力的培养，这种培养模式能激发学生的学习兴趣。所开设的课程不但提升了学生解决问题的能力，同时教会学生能够主动思考。哥伦比亚大学的学生在不同年级可以选择不同课程，并且还可以选择跨学科课程。跨学科课程的选择能够激发学生多维度思考问题，拓展学习的广度与深度。在现代社会，人才应能将专业技术知识和创新能力进行交织融合。跨学科的课程设置给学生提供了更多的思考，能够让学生有更多可以发展和创造的空间。

（3）课内与课外相结合的教学模式。美国大多数高校课堂教学的总学时较少，仅仅相当于我国大多数大学的 60%，因而，学生有更多的课外时间自主学习。著名的麻省理工学院就非常重视培养学生的实际操作能力。一般来说，企业和学校共同负责人才培养模式，学校和企业会将课堂讲授与技能实践有机结合起来，有效提高学生的综合素质，从理论和实践双方面加强学生能力的培养。比如斯坦福大学，其师生创办了硅谷 60% 左右的企业。在校大学生也曾经创办了很多企业，如微软、Google 等。由此可见，美国高校不仅重视课堂讲授，还重视社会实践，课内与课外有效结合是美国高校的创新人才培养模式。有了创新的培养模式之后，自然就将学生的素质教育与技术技能培养有效地结合了起来，让学生能够获得更为全面的发展。美国的创新人才培养模式其实就是一种高素质技术技能型人才培养模式。

（4）独特的"合作教育"模式。美国的"合作教育"模式主要是指美国学校和企业之间的合作，与我国提出的校企合作是相同的概念。美国学校和企业之间的合作以 1906 年辛辛那提（Cincinnati）大学实施的合作教育开始，历经一个多世纪的发展，逐渐走向成熟。美国校企合作的历史较长，由于时代背景的变化、社会经济的发展等原因，涌现出多种具有特色的校企合作模式，主要有合作教育模式、技术准备计划、青年学徒制、校企契约、赛扶计划、高级技术教育等。合作教育是美国高校通过职业实践以提高学生综合能力的有效途径，也是当今世界各国高校积极倡导的一种教育模式。合作教育的思想起源于美国哲学家和教育家约翰·杜威创立的实用主义教育思想，他的思想对美国的教育产生了一定的影响。他提倡教育与实践相结合，教育必须适应现实需要，注重实用知识与实际技能，使受教育者为将来进入社会打好基础。

1906 年，美国辛辛那提大学的教育改革是产学合作教育产生的标志，赫尔曼·施奈德首次提出合作的理念，以"工学交替"模式来培养人才。每学年分为"理论学期"和"工作学期"。在"理论学期"，学生会在校园内进行学习，学习理论课程；在"工作学期"，学生会在工厂或者企业进行实践，获取实践知识技能。这种把课堂教学与工作实践相结合的教育方式，在当时被称为"合作教育"。这一教育方式自此在全世界范围内得到了广泛应用，并且培养出许多优秀的技术技能型人才。

2. 美国高校高素质技术技能型人才培养模式的主要内容

（1）"个性化教育"培养模式的主要内容。随着社会的不断发展，人们所扮演的社会角色越来越多，具有很强的个性化特点。因此，学校在培养学生时，应该不断开发学生的多面化能力，从而为学生提供更多的选择发展空间。我国传统的教学方式是教师单向"灌输"式讲授，教师习惯在课堂上单方面讲授课程，完成教学任务，忽视学生的学习效果，学生在课堂上只能埋头苦记教师的上课笔记，不能充分融入到教学中。在这种教学模式下，教师和学生的互动性较差，甚至会带来消极影响，学生没有较强的学习积极性。在教学中，应该以学生作为主体，充分调动学生的课堂主动性，培养学生的能力，在人才培养模式上尽可能多地考虑学生的特色特点，给学生成长发展空间。

（2）"综合性教育"培养模式的主要内容。"综合性教育"的基本模式主要在于培养学生综合能力，促进学生全面发展。首先，应合理设置课程，科学安排必修课和选修课的比例，不但要开设专业基础课，而且还应该增设心理学、美学等其他课程。其目的是让学生较为全面地了解各个学科及领域内的知识，虽然学生的学习内容不同，但是学生的各方面能力都能得到提升。其次，要拓宽教师的知识面。大学阶段，教师对学生的影响是巨大的，教师不仅只是充当课程教学的讲授，还应引导学生树立正确的价值理念。再次，放宽学制，使学生能够有更多的自主性，可以根据自身特点、兴趣选择学习内容，有更多的学习时间。自主攻读感兴趣的辅修专业或第二专业，这样有利于拓宽学生知识结构。我国清华大学在这方面曾进行过改革尝试，允许他们休学从事创新研究和创新成果转化活动，以此获取更为广阔的发展空间。对于学生来说，这一段经验也是他们全面发展的重要过程。最后，是教学评估模式的创新。我国教学的评估模式一般采用学生评教和督导组评价相结合的原则。这种教学评估模式有着明显的缺点：不能很好地掌握课堂效果，只能从单方面的既定的方式去考核教师的课堂内容，也不利于掌握学生的学习情况。高校可以尝试创新方法，通过学生写心得体会作为评价方式，这样的评估模式将学生和教师放在平等位置，同时可以多维度掌握教师上课情况，也可以多重考虑学生的学习效果。有助于全面了解学生的情况，多方面掌握教学效果。

（3）"传统文化教育"培养模式的主要内容。在传统培养模式中，我国的高等教育指导思想为"专业化"和"精英化"，这种指导思想为我国提供了人才。但随着社会发展，过分的专业化导致缺乏传统人文素质精神：人才基础薄弱，素质不高，对社会的适应能力很弱。而与我国相比，美国高校非常重视传统文化在人才培养中的核心作用，他们认为除了自然科学知识以外，同样需要人文的知识，这不仅是为了满足人的精神生活的需求，也是为了适应人际关系的需要。美国高校注重本科生人文素质的培养，从学生进校开始，便要求学生必须学习除专业课以外的人文课程，这些课程不光包括传统意义上的素质学科，还研习本国传统文化。美国高校对传统文化的重视，目的在于让学生了解文化的发展历程，从而能够加深爱国主义情怀，引导学生树立正确的世界观、人生观、价值观。

另外，在课程数目和类别上，美国高校要求学生掌握每个领域，将政治素质和公民素质有机地结合起来，将人文课程包含在专业课程中，这些课程属于主修课程，不再以选修课程出现。这对我国高校设置人文课程的改革有着深远的影响，重视传统文化和人文精神在高校中的地位，是高校人才培养模式进行改革的第一步。

在具体的教学内容上，删除多余的教学内容，增加学科前沿知识和专业以外的人文社会科学、传统文化等基础知识。在保证教学质量的同时，给予学生一定的自由时间，促使学生能够多方面学习，不限制学生能力的挖掘，培养学生各方面的潜能。我国高校可参照美国高校核心课程制，突出人文学科在教学体系中的牵引作用。第一，合理安排文理学科的比重。除了相应的专业基础课程之外，还应该从多个人文科学方面设置丰富的课程，给学生自由选课提供条件，这可以借鉴哈佛大学的选课方法：主修人文科学的学生，必须在自然科学和社会科学领域的课程中多选一些必修课程；主修自然科学的学生，必须在人文科学和社会科学领域的课程中多选一些必修课程；而主修技术科学的学生，必须多学习一些人文科学和自然科学领域的课程。要鼓励学生跨专业、跨系科选修课程，以开阔视野。第二，突出课程之间的跨学科性。学生对各个学科都要有所涉及，而不应只是学习专业学科，而忽视其他学科，这样有利于学生的知识架构建设。第三，将课堂内容延伸至课外，让学生能够理论与实践相结合，使学生能力得到全方面提升。

（4）"合作教育"培养模式的主要内容。以"学工交替"为主要特征的"辛辛那提计划"，在美国被称为合作教育古典模式。后来对这种模式进行了改进，附加了专门的合作教育管理机构。1909 年，美国东北大学新建立的工程学院，实行所有学生必须参加的合作教育模式。1921 年，文科学校也开始实行合作教育模式，标志着突破了专业的限制、性别的区分，使合作教育模式基本建立起来。1960 年，合作教育模式出现了巨大变化，即出现了合作教育平行计划模式。20 世纪七八十年代，美国高等院校在合作教育计划上采用交替式，80 年代以后，实行交替式也实行并行式，即采用双重制。

首先是并行式模式，实行并行式模式的学习一般是针对全日制的学生。学生在进行全日制的理论学习外，还要利用业余时间去参加每周 20~25 小时的工作，工作时间学校是认可的。并行式模式的优势：学生的学业不会因工作的打扰而中断；可以从雇主方得到相应的报酬；业余工作岗位转化为将来的合作教育的实习岗位。并行式模式的劣势：受交通、时间的限制，寻找愿意为学生的业余时间提供重要工作岗位的雇主比较困难；学生专业学习时间作适当集中安排，以留出工作实践的时间，比如上午学习理论知识，下午去实习，实习时间安排必须与雇主协商是一个比较困难的问题。

其次是交替式模式，交替式模式是全日制学习学期和全日制工作学期交替进行的一种模式。在全日制工作学期的工作是学校认可的。交替式模式的优势：学生获得比较集中的工作时间，雇主会安排更重要的工作岗位；学生可以选择的实习地点比较宽泛；学习和工作相对都是集中独立的，相互没有受到干扰，更能够把理论知识完全应用于实践。交替式模式的劣势：学校把教学计划安排得比较紧密，使学生在学习学期把四年内的知识全部吸取，对学生而言消化起来势必比较困难；工作学期的工作完成后重返学校，要求学生对在校的学习有很好的衔接。

最后是双重制模式，根据合作教育项目的要求，美国院校的学制灵活多样，长短不一，针对不同的学校类型和不同的人才培养类型出现了二年制、三年制、四年制、五年制合作教育计划，这些多采用双重制模式。双重制模式的目的是为学生提供更多的机会，吸引更多的学生参与到项目中。

以上三种模式，它们具有相同的共性，即都涉及学校、教师、雇主、学生等主体；每种模式的运行都由准备阶段、实施阶段、反思阶段三个阶段组成。美国的合作教育培养模式与当下中国职业教育的校企合作人才培养模式是相通的，通过校企合作联合培养学生，更能实现高素质技术技能型人才培养目标。

（5）总结。不管什么样的人才培养方式，都可以发现，美国在培养学生中重视学生的自主思考和实践操作能力，不仅单方面注重学生的学术水平，还注重学术的实践水平，这样便探索出了具有特色的人才培养模式。我国的人才培养模式处在摸索阶段，对于美国的人才培养模式，应该不断借鉴、扬长避短，才能摸索出适合我国人才培养的特色模式，这对我国高职院校的人才培养模式改革有重要意义。

众所周知，教育理念、课程设置、教学内容和教学方法、教学评价、教学课程设置都是人才培养模式中重要的组成要素，各种要素之间具有联系性。虽然国外在高素质技术技能型人才培养模式上研究较早，有较为成熟的模式，但我国高职院校的高素质技术技能型人才培养模式应该具有自己的特色，要学会扬长避短，不能一味模仿。高校在制定人才培养模式时应该注重思政元素与专业课堂的有机结合，培养学生的综合素质，并结合学生的特色，有针对性地进行培养，从而培养出高素质技术技能型人才。

3. 美国高校在高素质技术技能型人才培养中的具体实施案例

美国著名的三所高校（哈佛大学、哥伦比亚大学、麻省理工学院）在课程设置方面均有着自己的特色，接下来我们将以美国这三所高校课程设置为例，分析美国高校的教育理念，以及在高素质技术技能型人才培养模式方面给我们的启示。

（1）哈佛大学。

1）课程设置情况。1642 年，亨利·邓斯特在哈佛首次开设 13 门正式课程，这些课程多数来自七艺及亚里士多德的道德和自然哲学。每一位学生只有修完所有的课程，才能选择其中一门课程作为自己的专业。19 世纪末以后，哈佛大学的课程设置经历了五次改革，由最初的必修制课程发展到"核心课程型"课程设置模式。目前哈佛大学的核心课程制包括三个部分：专业课、选修课和核心课程。其中专业课 16 门，选修课 8 门，核心课程 8 门。核心课程主要涉及 7 个领域，包括文学艺术领域、历史学领域、外国文化领域、伦理道德领域、社会分析、定量推理和科学。哈佛大学要求学生必须通过 32 门课程考核才能毕业，要选 8 门课以满足核心课程的要求，这 8 门课程必须跟他们所学专业几乎没有相关性。所有的哈佛学生都必须修习属于通识教育范围但不属于核心课程的三个必修领域：一是写作，二是外国语文，三是数理应用。由此可见，哈佛大学的课程设置比较偏向于通识教育。

2）人才培养模式。哈佛大学认为学校不仅应该培养学生的专业能力，还应培养学生的综合素质。哈佛的人才培养模式在课程设置方面的体现就是注重引导学生自我学习、思考的能力，开发学生的自我潜能。这种人才培养模式比单纯的教师讲授知识法更为有效。这些课程奠定了学生分析问题的视野基础，为学生学习专业课程提供了一种认识问题、分析问题和解决问题的方法。因为社会对学生的发展需求越来越高，不仅要求学生的专业能力，也要求学生的人文素质，因此，在培养学生时，不能仅仅注重学生专业能力的培养，也应注重学生人文素质的培养，注重跨学科教学对学生的重要度。

（2）哥伦比亚大学。

1）课程设置情况。大家普遍认为，美国现代大学通识教育起源于哥伦比亚大学。20 世纪 30 年代末 40 年代初，哥伦比亚大学制度化的现代本科通识教育体制才逐渐开始形成。核心课程成为哥伦比亚大学本科教育的基石，其目标是服务于全体本科生，无论其将来的专业或方向如何，都能为其提供一个广阔的视野，使学生熟悉文学、哲学、历史、音乐、艺术和科学方面的重要思想与成就。哥伦比亚大学的核心课程包括"当代文明""文学人文""美术人文""音乐人文""重要文化""外语课程""大学写作""自然科学前沿""自然科学""体育课程"共十门课程。由此可见，哥伦比亚大学十分重视文学、哲学、历史、音乐、艺术和科学对于学生的影响与熏陶。

2）人才培养模式。哥伦比亚大学的人才培养模式在课程设置方面与哈佛大学十分类似，它的特点是跨学科性和必修性，可以称为"通识教育基础上的宽口径培养模式"。每个学生都应该在每个年级学习不同的课程，这些课程并不只是针对专业能力，还涉及多门学科，让学生能够广泛涉猎知识。另外，学生也可以根据自身情况在不同年级选择不同的课程进行学习，这样，学生的学习不是被动的，而是具有自主性，这样可以培养学生独立思考的能力。

（3）麻省理工学院。

1）课程设置情况。早在 19 世纪中期，麻省理工学院根据学生的情况，设置了科学与文学混合课程计划，除了科学技术课程，还设置了大量的历史、经济学、语言学和文学课程。麻省理工学院现行的核心课程是在 1950 年形成的。如需在麻省理工学院取得学士学位，学生在修完 9 个科目的科学课程外，还必须修完 8 个人文社会科学科目的学分。这些课程将研究、学习与社区一体化有效整合为一体。麻省理工学院的普通课程是希望达到自然科学和人文、艺术、社会科学（HAS）知识的平衡。不难看出，麻省理工学院同样重视人文社科的知识的培育。

2）人才培养模式。麻省理工学院的"双元制"培养模式具有自己的特点。所谓"双元制"培养模式是指学生学习时一部分时间在学校学习，一部分技能培训在企业进行，即这个体系的培训由企业和职业院校负责。麻省理工学院的人才培养模式吸取了"双元制"的精髓，不仅重视学生的学习能力，更重视学生的实践操作能力。

（4）总结。通过分析三所学校的课程设置情况，我们发现这三所学校非常重视学生对于自然科学和人文、艺术、社会科学（HAS）知识的平衡学习，以此来确保他们的学生是全面发展的状态，而非偏向于某一领域。当学生的综合素质得到稳步提升之后，再鼓励学生开展自我领域的研究，这一做法能够为学生更为长远的发展奠定厚实的文化基础，使得学生具有丰厚的通识修养。美国高校人才培养模式因经过多年的锤炼，课程设置体系相对成熟，虽然美国各个学校的人才培养模式体系不一样，但是确有其相联性。通过以上对三所美国高校课程设置的现状分析可知，这三所大学的人才培养模式具有以下特点：培养目标的全面性、教学方法的多元性、教学内容的跨学科性。因此，我国高职院校高素质技术技能型人才培养模式要进行改革，应借鉴美国的人才培养模式，领略其在课程设置方面的独到之处。

4．美国高校高素质技术技能型人才培养模式对我国的启示

（1）"大思政"背景下的高职教育更应该注重人文素养的培育。现代教育技术的本性不再是管理、控制、约束，而是对人性的唤醒和对人性的尊重，使学生自发投入到自我教育、自我管理、自我服务中。要从认识上理解学生，能够和学生达成共情；从情感上关心学生，让学生能够感受温暖；在行动上鼓励学生，使教育方法富有人情味，通过教育者的情感、人格、威信等影响学生，更好地促进学生的健康成长。教育要让学生充分感受到爱，这样才能更好地激发学生的学习动力。此外，人的发展是社会化发展与个性化发展的有机统一。人本德育强调人的全面发展，实质上是要把全面发展和个性发展紧密结合起来，特别是要尊重和关注学生的发展。

一系列的现实问题摆在了我们的面前，使我们不得不重新审视高职院校未来的发展方向。的确，很多年以来，高职院校对技术技能型人才的培育取得了丰硕的成果，但是，现在高职院校中的人才培养所暴露出来的人文素养匮乏这一问题着实影响着新一代年轻人的长远发展。从党的十八大报告到习近平总书记系列重要讲话精神，中央反复强调教育的根本任务是立德树人，也就是大学生思想政治教育始终是教育工作的灵魂。要想实现高素质技术技能型人才的培养目标，我们需要加强思想政治教育工作，努力提升学生的人文素养。大学生要建立共同的梦想，践行社会主义价值观，传承中华传统文化。我们要引导学生不断学习、不断成长。

（2）传统文化教育是高职院校学生提升综合素质的价值导向。不难看出，美国各高校对于传统文化的重视程度是非常高的，那么，对于传统文化如此丰富的中国来说，我们更应该立足本土文化，发掘出适应本土的高职院校人才培养模式。我们都知道，中国优秀的传统文化有着渊远的历史和厚重的底蕴，能够给人以无限的思考，在进行思想教育时融入中国传统文化，能够加强学生的人文素质，锤炼学生，促进学生成长。国家也出台相关要求，高等学校要创造条件，根据学生特色设置课程，要在课程中融入中国传统文化元素。加强传统文化教学与研究基地建设，推动学科发展。

传统文化教育对当代大学生综合素质的教育具有指导作用，具体表现在以下两个方面：一是传统文化教育是形成良好校园氛围的基本条件，它引导着学生朝着健康方向发展，从而能够提高学生的综合能力，实现自我完善与发展；二是传统文化教育能够较好地指引大学生，长期以来，高校在教育中对学生的引导过于理论化，而对于做人做事的基本的道德品质，学校教育引导的力度还不够，这恰好是我国高职院校对于高素质人才培养的迫切需求。

传统文化教育的核心是用先进观念进行教育，落脚点是通过教育提高学生的素质。在课程设置上，传统文化教育只追求纯理论化，追求知识化。传统文化教育目的并不仅仅是让学生拓宽知识面，而且要让学生能够感悟更多的精神内在，锻炼自身的文化品格。中国传统文化旨在建立多个渠道，给学生搭建平台，让学生能够感受到民族悠久的历史，增强其自信心，提高创新思维，帮助学生提高文化修养。

由此可见，传统文化教育是高职院校学生提升综合素质的价值导向，在"大思政"背景下，高职院校应紧密结合思政教育，对学生进行有效的德育教育和专业教育。可以将核心价值观融入德育教育，帮助学生们树立正确的世界观、人生观、价值观，通过核心价值观与德育的衔接转化，构建学校、家庭、社会三位一体的德育格局，同时将核心价值观潜移默化地渗透到学生的价值取向和行为方式之中。理想信念归根结底还是要服务于社会的实践。在尊重学生身心特点、道德意识、知识层次的前提下，引导学生积极投身实践活动，让德育教育贯穿于方方面面的实践中。

（3）校企合作培养模式是高职院校培养人才的重要方式。为了确保校企合作培养模式能够在高职院校培养高素质技术技能型人才过程中起到实质性的作用，首先，我们需加强对校企合作的认识，重视多层次的合作。对校企合作的认识，不能建立在金钱和利益的层面。学校和企业之间形成的是相互支持、相互促进的关系，而不是从对方获取资金、福利等。企业参与校企合作是实物投入、人员投入、技术投入等，为社会培养技能型、实用型人才。学校也不应想着从企业获得什么样的好处，这样会挫伤企业的积极性，也不利于校企合作的持续开展。纵观美国校企合作的历史，校企合作最初是为了解决当地企业技术工人短缺的问题，体现了学校与当地中小型企业合作，为当地经济发展服务的特色。但是在我国，学校与中小企业的合作比较困难，主要原因是学校与中小企业接触较少，不了解这些企业的人才需求。如果把职业教育和中小企业对接作为政府的一项工作，这样高职院校未来的校企合作能开展得更为成功。其次，我们需要提升服务功能，健全支持系统。市场经济促进了教育与产业的结合，并对应用型人才需求的主动性和迫切性有所提高；劳动就业的市场化和产业化、学生将学习与工作相结合，为合作教育的发展提供了可能。随着我国社会主义市场经济体制的建立和完善，合作教育的目的及人才培养的标准也在发生变化，已经由应用技术学科转向全人教育。因此我们现在应该围绕技术创新和人才培养所需的各要素，开展全方位、多形式、深层次、规范化、内容广泛联系的合作教育。

第二节 德国高校高素质技术技能型人才培养模式探究

德国高等教育非常普及，有近 400 所高等院校，其中 90%以上是公立高等院校，分布在 16 个联邦州。关于德国高校的分类，根据不同的任务和性质，可大致分为四类：实施学术教育和工程教育的综合大学、实施应用技术教育的应用科技大学、培养中小学和幼儿教师及特殊教育教师的师范学院、培养独具技艺的专门人才的艺术学院（包括音乐学院、戏剧学院等）。在这里，我们主要关注的是实施应用技术教育的应用科技大学。不同类型的学校有着不同的人才培养方式，德国应用科学大学（Fachhochschule，"FH"）又译为高等专业学院，是德国高等教育体系中的重要组成部分，建成于 20 世纪 60 年代末 70 年代初，经过几十年的发展，从办学理念、培养目标到教学内容、课程设置已经形成了比较成熟完善的应用型人才培养体系，被誉为"最有发展前途的大学"，是德国在 21 世纪大力发展的主要高等学校类型。

应用科技大学通常规模小、学制短、设置专业少，具有鲜明的教学和管理特色。其专业分类较细，通常设有工程、技术、农林、经济、金融、工商管理、设计、护理等专业。

这类学校主要是为地方培养人才，培养的专业种类较多，但是应用型科学大学的教学群体小，一般为小规模教学。其保证了教学的效果，也保证了各种教学活动（如研讨教学、现场教学等）的开展。

在应用科技大学的教学中，实践性教学环节占有十分重要的地位。要求学生在学习期间有两个学期的实习，高年级在实验方面的操作时间要占教学时数的 1/4

以上。通过对学生进行必要的基础理论教育和充分的职业训练，重视对学生能力的培养，包括专业能力、方法能力和社会能力的培养，使其成为在某一领域具有独立从事职业活动能力的中高级技术人才。

从欧美大学发展史来看，大学也是在不断发展改变的，它会随着社会的发展而不断变化。目前，德国普通大学和职业院校并行发展、各具特色的人才培养模式仍是一个大趋势。其在欧洲作为办学典型，甚至在世界也是典型，具有极强的学习价值。对于我们来说，要本着扬弃的观念。一方面我们需要不断研习包括德国在内的西方国家较好的教育理念，从而改变中国现有的培养方式，促使其能够多元化发展；另一方面也要基于中国的传统与文化，不能生搬硬套，照搬照抄，忽视我国自身的特色，盲目仿照学习。

1. 德国高校高素质技术技能型人才培养模式的主要特征

据了解，德国的应用科技大学是德国高教体系中重要的一部分，在这一类大学中，以两种人才培养模式为主：一是关键能力人才培养模式，二是"双元制"人才培养模式。接下来将分别介绍这两种模式的主要特征。

（1）关键能力培养的人才培养模式的主要特征。

1) 课程进行模块化设计，注重专业能力与全面素质提升的有机结合。现代德国高校基本采取学分制和模块化的教学方式。对在校本科学生来讲，学生在校学习期间必须要修满一定的学分才能顺利毕业和取得相应的学位证书。在课程学习中，课程被分为多个模块。模块教学是德国高等教育教学的一种基本模式，将具有相同学习目标方向的课程组成模块群，模块群可以分为基础模块和关键能力模块两大类。基础模块主要由专业课程组成，以提高学生的基础理论与专业知识为主要目的。关键能力模块主要包括与专业课程相关的方法和跨专业、跨学科的课程。

模块式课程的设置具有独特的优势，一是这种课程设置兼顾了知识学习与技能训练的有机结合，只有在掌握基础理论知识的基础上加强技能训练，才能加深对知识学习的理解与把握，实现知识学习的升华，更好运用于社会实践。同时，经济科技的发展和知识更新步伐的加快，要求人们必须树立终身学习的理念，才能更好地适应未来社会发展的需要。德国高校在对学生的教育过程中，十分注重学生终身学习能力的培养，日常教学中不仅开设基础专业课程，还开设了提高学生研究分析能力的相关课程。二是与传统课程设置相比，模块化课程教学模式更具系统性、集中性，使专业方向更明确，课程设置更科学、教学内容更丰富，可做到融会贯通、相互促进、层层递进、环环相扣，有效提高了教学学习效果和人才培养质量。此外，专业模块和辅助模块的设置在充分考虑学生专业学习的同时，为学生自主选择感兴趣的课程提供了条件，有利于激发和调动学生的学习兴趣，培养跨学科、跨专业的思维，对开阔学生视野，促进学生全面发展具有重要促进作用。关键能力模块的设置更是充分体现了对学生综合素质能力提升的重视，切实做到了专业与博学、基础与提高的有机融合。

2）尊重学生主体地位，课程设置具有多样性。德国高校课程设置类型多种多样，讲解课、实验课、研讨交流课等不同的课程类型为学生知识学习、能力提升、思维创新提供了重要条件。在学生学习效果的考核上也采取书面考试或论文写作等多种形式。在德国高校教学中，有很多课程采取讲解与研讨相结合的模式，其中学术交流研讨是德国高校独创的一种教学方法，主要目的在于引导学生开展自主学习，提高独立思考分析的能力。在研讨课程中，教师提前精心备课，课上有针对性地提出问题，引导学生进行研究讨论，可以采取小组的形式进行交流，实现师生之间、学生之间的思想交流碰撞，深化学习效果。教学过程中坚持以学生为主体，学生课前要认真阅读和思考，只有这样才能在课堂上参与分享他人的成果。教师在课堂教学中发挥引导作用，对学生自主学习过程中遇到的问题进行指点，帮助学生更加深入全面地理解和掌握学习的知识和内容。在教学过程中，师生之间始终是平等的关系，教师不会将自己的思想观点强加给学生，而是通过大量的具有说服力的论断使学生从思想上、心理上主动接受。同时，学生也可以结合所学知识，根据自己的理解提出质疑，阐述自己的观点，共同探究，有效提高了学生的思考分析能力。这种探究式的教学方法与传统的教学方式有了显著的区别，师生之间的关系发生了显著变化，有效激发了学生学习的积极性、主动性，为学生充分发挥想象，彰显个性提供了广阔舞台。同时，这种探究式教学方法，有利于培养学生的创新意识，使学生养成良好的学习习惯，拓展其思维，使其学会与他人进行有效的沟通与合作，不断提高独立自主学习的能力和综合素质。

3）注重对学生实习训练和实践能力的培养提升。不断提高学生的社会实践能力，更好地满足社会和用人单位的需求是德国高校承担的重要任务。在德国政府的支持协调下，建立了以企业为主体，高校、学生、政府等多方参与，责任清晰的大学生实习机制，并以立法的形式为大学生实习提供制度保障。德国联邦政府和地方政府相继制定了一系列相关法律制度，明确规定了政府、企业和高校在学生实习中应承担的责任和义务。同时，还成立了相关机构，专门对大学生实习情况进行跟踪检查，确保各项制度落实到位，保障大学生实习的权利。为充分调动企业参与的积极性，政府还对提供学生进行实习的企业从税收政策、财政补贴等方面给予一定的经济补助。在相关政策措施的推动下，德国企业积极参与进来，各类企业每年都会为即将毕业的大学生提供一定数量的实习岗位，同时还会有针对性地提供一定的指导服务，有效提高了大学生的实习实训水平。经过多年发展，目前德国高校的大学生实习制度已经形成了一整套科学完善的运作机制，用人单位在录取大学生时都会把有无实习经历作为选人用人的一项基本标准，大学生也把开展实习作为大学学习的重要组成部分。学生在实习领域与地点的选择上，可以结合自身的专业特点向有关企业、机构或政府部门提出申请，申请通过后可以进入实习单位进行实践锻炼。在实习对象上，德国相关法律规定不仅即将毕业的大学生需要开展实习，对学期中的大学生也应尽可能地为他们提供实习锻炼的机会。通过实习实训，能够把课堂学到的理论知识与社会实践有机结合起来，巩固深化对所学知识的理解和掌握，在实践中不断提高动手动脑能力、研究分析能力、与人合作交流能力，使自身专业技能和综合素质都得到提高。

（2）"双元制"人才培养模式的主要特征。在德国，应用科技大学广泛使用

"双元制"人才培养模式。所谓"双元",即施教主体是"双元"的,即院校和企业;学生身份是"双元"的,即学生和企业准员工;教学内容是"双元"的,有理论学习也有技术培训;学习地点是"双元"的,有学校学习和企业实践。其人才培养模式有着鲜明的特征:

第一,职业院校与企业共同完成教学任务,确保"双元制"人才培养的质量。双元制模式下,职业院校和企业需要共同承担教学任务,包括教学大纲的制定、课程如何设置、实训实习等各项教学安排,其考核方式也需要双方共同参与制定。

第二,职业院校招生需要服务于企业,为企业培养对口人才。在德国,当学生中学毕业之后,依据相关法律,可自选一家企业先取得岗位,然后再到职业学校登记入学,从这一点便可以看出,德国职业学校是为企业服务的。

第三,"双元制"人才培养模式下的学生能够充分满足企业需要,学生就业率高。在"双元制"人才培养模式下,学生需要抽取大量的时间到企业学习相关技术与技能,其使用的设备以及学习到的技术与技能都是企业当下正在应用的,这就保证了毕业生所学技能是企业当下所需的,学生毕业后工作适应能力比较强,与工作岗位融合较好,就业率自然就高了。

(3)"双元制人才培养模式的优势"。

第一,德国职业院校师资队伍强大,对实践能力要求极高。德国高职院校的师资强调实践经验,教师必须有至少5年的企业工作经历和必备的学历及学位,即具有"工程师"和"教师"的双师资格,而且要经常了解企业的最新发展动态,到企业参与实践。

第二,职业学校与企业签订合同,从法律和法规方面保障人才培养。在"双元制"人才培养模式下,职业学校和企业是法律规定的合作伙伴,要共同使培训达到最佳效果。

第三,"双元制"人才培养模式的实施具有稳定的经费来源作支撑。德国"双元制"人才培养模式的经费多来自于个人、企业、国家,国家会给予各种优惠政策,企业自觉承担教育资本,从而助力德国教育事业。

"双元制"培育下的毕业生,大都具有良好的实践操作技能,受到企业的信赖,学生不仅能够自主思考,还能够进行实践创新。

2. 德国高校高素质技术技能型人才培养模式的主要内容

(1)德国关键能力培养的人才培养模式主要内容。随着经济的发展和欧洲高等教育改革的深入,21世纪初欧洲议会制定的专门文件中明确规定,把关键能力培养作为促进大学生综合素质提升的重要途径。在关键能力培养理念的引导下,欧洲各国特别是德国通过对学生以多元、融合、成长为主要特征的关键能力训练,形成了独具特色的、符合时代发展要求的以关键能力培养为核心的教育教学体系。

德国高等教育关键能力概念的提出和发展具有深刻的社会背景。20世纪五六十年代,在第二次科技革命的推动下,德国经济实现了腾飞,迅速跨入世界发达国家之列。同时,科技进步对经济产业结构和劳动力市场产生了深远影响,一方面,企业员工的专业技能不能适应新的生产设备需求,另一方面,学校人才培养与市场需求相脱节。针对这种情况,为适应经济科技发展新形势,德国社会学家梅思腾适时提出了关键能力的概念。按照当时的定义,关键能力主要指,与一定的专业技能不相关联的知识和能力,包括能够根据不同职责和场合迅速作出反应判断和采取相应措施的能力。梅思腾将关键能力分为基础能力、信息获取加工的能力、职业拓展能力等方面。随着时代的发展,关键能力的分类逐渐呈现多样化的特点,由原来的几大类十几种扩展到现在的上百种。从目前较为统一的划分标准看,关键能力主要包括专业能力、社会适应能力、自我提高能力和方法要素等方面。其中,专业能力可以分为特殊专业能力和一般专业能力,主要是指学生学习的专业领域和专业技能;社会适应能力主要是指在工作及社会交往中与人相处的能力;自我提高能力主要是指个人的创造性、灵活性、坚韧性等能力习惯;方法要素主要是指个人的学习能力、分析能力、创新思维等品质。

关键能力的培养与大学教育在本质上是一致的,同时更具有内在的价值和意义。关键能力以其自身的性质和特点,可以应用在不同领域、不同职业,具有广泛的适用性。特别是在经济科技迅猛发展的今天，职业技能老化的现象不断加剧，关键能力的适用性特点，能够促进个体不断提升自身素质，适应时代发展要求，做到与时俱进。关键能力的跨专业特征，可以涵盖不同的职业领域，增强个体职业发展的竞争力。另外，关键能力还充分考虑到个人与社会发展的关系，促进人与社会的和谐发展。

（2）德国"双元制"人才培养模式的主要内容。德国"双元制"人才培养模式是指学校和企业共同制定人才培养目标，共同实施培训计划与方案，架起学校与企业培养人才的通道。培训中企业扮演着重要的角色，提供必要的技术指导与服务。由于企业的参与，使学生获得了更多的实践机会和企业经验，同时也减轻了政府对职业教育的投入。他们认为这样培养学生，是企业在提高民族素质中应尽的义务。由于这样的认识，同时确立这样的培养模式，为德国经济的腾飞提供了源源不断的人力资源保障。同时，也是德国经济崛起的"秘密武器"。

3. 德国高校在高素质技术技能型人才培养中的具体实施案例

德国的高等学校绝大部分都坐落在人文环境良好、自然环境优美的城市，优越的教学、科研和生活设施为学生完成大学学业提供了客观和物质上的保证。接下来将以德国的乌尔姆应用科技大学为例，剖析其在人才培养方面的具体内容。

（1）人才培养过程。乌尔姆应用科技大学非常重视学生工程能力的培养。一般而言，本科专业学制为 3.5 年，第一年为数学、物理、专业基础课程；第二年以后进行专业课的学习；最后半年做毕业论文。学生在第三年要有半年的时间在企业实习。此外，该高校还和"乌尔姆商会"以及"Robert Bosch 乌尔姆技术学校"等机构和学校合作，开设了二合一学习过程。该过程允许学生在四年半的时间内获得两个资质：技工和工学学士。需要学生和企业间建立联系，学生能够在学习期间就去企业锻炼，而企业需要考虑期间的策划成本，学生在企业实习期间，能够帮助学生提前进入工作环境，获取专业能力锻炼。这种方式能够帮助学生适应环境，也类似于我国以前实施的预分配制度，但是由于我国学生人数巨多，人口基数大，企业和学校之间供需不成正比，能够帮助学生找到合适的岗位实践是较为困难的。

（2）专业和课程设置。乌尔姆应用科技大学根据国家经济发展的情况设置了电类相关的专业，如工程类、计算机科学、数字媒体等；基于当前的国际能源问题，特别开设了国际能源经济专业。在专业课程设置方面，学校特别重视学科交叉。例如，国际能源经济专业涉及三大学科：能源、计算机科学和经济，这是因为能源经济本身就是一个国际化、多学科的综合问题。而这个专业不仅具有前述基本的学生培养过程，还有一个特殊的环节：在第四学期，要求学生到国外合作大学进行为期一个学期的学习，以培养学生的国际竞争力和文化融合背景。由于这个专业涉及了三大学科，因此，课程设置是颇费脑筋的事情。从该专业的课程设置来看，非常重视基础课程。例如，在计算机科学方面，该专业设置了商务信息系统、物理和电子工程、数据库、控制、仿真等课程。从课程设置可以看出，该专业把计算机作为工具，重点放在对计算机的基础应用方面。并通过课程设计来加强对计算机应用能力的培养，如电动汽车仿真、电子市场仿真等。此外，学生每学期的课程一般是六门，这和我国学校课程设置不同。在课程设计上，我国的学校安排课程学习较为丰富，相对来说，学生缺乏自主学习时间。而乌尔姆应用科技大学的课程学习较少，学生有充分的自主学习时间。

（3）实践环节。乌尔姆应用科技大学对于综合课设的重视程度极高，综合课设是结合多门课程知识的课程设计。学生被分组完成综合课设，而且课设效果需要通过笔试进行考核。课程设置并不只是由教师完成，有可能为几届毕业生连续完成，每届学生根据自身的情况和学习特点进行课程整合，并且在前一届的基础上不断推陈出新。通过几年的建设，课设结果具有相当高的含量，令人叹服。

此外，实验室的布置也让人耳目一新。该校实验室充分利用了实验室空间，按照功能区划对实验室设备进行了合理摆放；不仅如此，而且还利用实验室的高度优势，开辟了新空间。该校对实验室功能的合理区划，如技术相近的实验安排在一个功能区或者实验室,使得学生在实验室的实验能够有效衔接起来,进而获得更广阔的实践空间。

4. 德国高校高素质技术技能型人才培养模式对我国的启示

(1)德国关键能力人才培养模式对我国高校人才培养模式的启示。德国关键能力培养理念的核心在于注重对大学生专业技能和综合素质的提高,使人才培养更加符合社会需求,这与我国近年来大力倡导实施的素质教育具有根本一致性。素质教育作为我国高等教育教学改革的主要方向,它的主要目标是提高大学生的能力,通过教育理念、教学内容、教学方法和人才培养目标的改进与完善,为大学生全面发展奠定坚实的基础。随着我国高等教育改革的深入,素质教育工程的实施虽然取得显著成绩,但更多还是停留在理论研究阶段。究其原因主要在于现阶段我国基础教育阶段因片面追求升学率导致对学生的综合素质教育进展缓慢,而高等教育由于体制机制的影响又没有完成对学生综合素质的培养。因此,应结合当前我国高等教育实际,认真学习借鉴德国关键能力人才培养理念,不断改进与完善我国高等教育人才培养的模式,加快推进素质教育改革的进程,提高人才培养的质量与水平。

1)进一步健全和完善高等教育课程体系。课程建设是高等教育顺利开展的基础和前提,对提高教学质量和人才培养质量具有重要意义。结合德国高校关键能力培养课程设置特点,我国高等教育课程建设应努力做到切实转变教育理念,改进应试教育的课程设置思路与模式,提高课程设置的弹性,注重课程建设的系统性、完整性与深度,做到专业与博学相结合、重基础与强能力相结合。在保证学生学好基础理论知识的同时,着力培养他们的研究分析能力,加强对学生思想方法和研究方式的训练指导,引导他们树立终身学习的理念,不断提高自身素质能力,适应快速发展变化的时代需求。此外,要结合不同的课程标准要求,强化课程建设,加强专业课程学习,拓宽学生的知识面,提高学生的理论水平和实践操作水平。

2）坚持学生学习的主体地位，激发学习潜能和热情。一切以学生为中心，促进学生全面发展是现代教育的基本理念。要做到以学生为中心，教师要转变传统教育理念，改变灌输式、填鸭式的教学方法，把课堂留给学生，采用探究式、研讨式、情景模拟式等先进的教学方法，引导学生独立思考、研究分析，充分调动学生学习的积极性和主动性，变"要我学"为"我要学"，通过自主学习不断提高学生的独立思考能力、分析总结能力和综合素质。要鼓励学生多读书，教师要发挥主导作用，多为学生推荐精品力作，鼓励学生坚持写读书体会，培养学生的读写能力。

要教育引导学生积极参与社会实践锻炼，关心关爱他人，培养学生的爱好，使学生做到全面发展，与时俱进。另外，在坚持学生主体地位的同时，对教师自身来讲还要不断提高业务能力和学术水平，同时还要求有更多更好的科研成果来支撑整个教学过程。课堂教学中要讲究教学的方法和艺术性，注重学生需求，教师要善于"察言观色"，努力增进师生之间的沟通交流，做到博学多知、一专多长，这样才能提高课堂教学质量，激发学生学习兴趣，顺利完成各项教学任务目标，获得学生的信任与喜爱。

3）加强课程实习保障体系建设，提高学生的实践能力。提高实践能力对大学生综合素质能力的培养具有不可替代的作用。提高实践能力的最佳途径就是开展专业实习和岗位锻炼。目前，我国高等教育教学中已将大学生实习列入教学计划，但整体看大学生实习中还存在一些问题和不足，主要原因在于由于实习机制等因素的制约，大学生很难找到满意的实习单位和岗位。很多企业不愿意为大学生提供实习训练场所，他们认为大学生来企业实习会扰乱企业正常的生产秩序，影响企业的效益。同时，由于管理机制不健全，政府对提供大学生实习的企业缺乏必要的监管措施，使得很多高校的实习计划得不到有效实施。目前，虽然高校与企业联合建立了大学生实习训练基地，但这些实习场所不仅规模小，而且实习设施设备不健全，无法为学生提供全景式模拟实习训练服务。这与德国建立的政府支持、企业主导、责任清晰的大学生实习机制形成了鲜明对比。因此，我国应充分借鉴德国关键能力培养理念与模式，结合我国高校实际，以深化高等教育改革为契机，以创新能力和实践能力培养为核心，坚决摒弃传统的教育理念与模式，深化高校课程改革进程，加强实习课程保障体系建设，充分发挥政府、企业、高校各自优势，为大学生进行课程实习，参加社会实践，提高创新能力、社会能力、研究能力，促进全面发展创造良好条件。

（2）德国"双元制"人才培养模式对我国高校人才培养模式的启示。

1）确定高素质技术技能型人才培养的目标，改革理论知识比例过重的课程设置。我国的大学教育，在思想观念、培养模式等方面受传统教育思想的局限，存在着"重学术轻技术，重知识轻行动，重理论知识的灌输轻实践能力的培养，重学业完成轻人文素养培育"，因此，确定高素质技术技能型人才培养的目标，是我国高职院校教育走出传统教育泥潭的必由之路。

以技术技能发展为核心是高素质技术技能型人才的培养的标志。从知识教育为核心转向技术技能培养为核心是传统教育向现代教育转变的关键。高职院校的教育应该始终围绕学生的技术技能发展为中心，突出高素质的培养，包括学生的自学能力、技术水平、研究能力、表达能力、组织能力、社交能力、查阅资料能力、创新能力等多方面综合能力的培养。培养具有高素质的技术技能型人才，是实现人力资源强国战略的目标。

2）改革教学方法，进一步增强实践教学的有效性。高职院校的课堂教学必须以学生为主体，从而提升教学效果。在措施上，首先，构建实践教学体系，贯穿课内、课外学习的全过程；其次，按照技术技能型人才培养要求，整合内容，培养教学资源内容，培养创新能力；再次，在课程设置上，按照综合性原则，架构课程体系，提高学生分析解决问题的能力，着重开发学生的创新问题的能力，技术技能开发能力。

与教学方法改革相关联的是高校教学评价制度，改革高职院校教学评价制度是科学评价体系建立的重点，有了科学的评价体系，才有可能激发教学方法的有效改革。而对于学生来说，科学的评价体系，能够形成激励大学生创新发展的动力。

3）加强师资队伍建设，提升师资队伍整体素质。当前高校教师脱离社会实践情况严重。教师在课堂内容设置上墨守陈规，脱离社会实践，不能符合社会发展趋势，不能适应社会的发展，对先进的技术、设备不了解，而这恰恰是我国高校教师最大的不足。德国对高校教师，特别是职业院校教师的实践能力要求非常高，这一点值得我国深思，提高职业院校教师的实践能力是非常重要的。

第三节　新加坡高素质技术技能型人才培养模式探究

1. 新加坡高校高素质技术技能型人才培养模式的主要特征

在新加坡的教育中，是把充分地挖掘学生潜力作为基本宗旨的，他们大力推行"教育必须符合经济发展"的教育方式，目标是培养出"符合国家需要"的高等人才。不论什么类型的学校，都应该把学生的创新能力、组织能力等放在突出位置。

新加坡高校最具代表性的人才培养模式便是南洋理工大学的"教学工厂"，这一人才培养模式是世界职业教育领域最为成功的模式之一。新加坡"教学工厂"人才培养模式是按照将先进的教学设备、真实的企业环境引入学校的方式，将现代企业的生产、经营环境融合到学校的教学活动中，形成学校、实训中心、企业"三元合一"的综合性教学模式。

其实，"教学工厂"既是一种教学模式，又是一种教学思想，这种思想让学生能够从传统的学习模式中解放出来，能直接参与生产，学到实际的技术与技能，可以真正实现边学习边工作。其主要特色如下所述。

（1）专业设置以市场为导向。"教学工厂"人才培养模式下的专业设置完全是市场导向下的专业设置。学校应该以国家经济和社会发展需求为指南进行新专业探索。在成立新专业时，必须结合国家、市场需求，随后，成立专业开发小组，聘请资深的专家，定期进行监控。专业开发工作完成后，聘请企业资深人士参加教学指导委员会和学校董事会的论证会，经专家、领导讨论批准后方可实施。新专业具体实施之后，必须定期对其进行监控，进行效果的检验，确保专业设置的先进性，确保专业能顺应时代的发展，保证毕业生的质量能满足企业需求，实现毕业生的高就业率。

（2）项目教学贯穿始终。项目教学是"教学工厂"的一大特色。企业专职项目工程师与学校的专职教师、学生合作开发项目，使教学与项目开发有机结合，学校围绕项目开展教学。对于教师而言，在开发项目中，教师与企业合作，掌握先进技术，从而增强学生的科研水平。对于学生而言，通过项目，能够了解掌握企业的真实环境，提前了解企业的运作，进而较好地培养自己的组织能力、创新能力。

（3）师资队伍建设体现"以师为本"的理念。"教学工厂"培养出了大量具有"双师素质"的优秀师资队伍，根本原因是因为对"以师为本"理念的坚持。"教学工厂"师资队伍建设的成功有几方面因素，即源于严格的招聘、培养与培训、科学的考核与分配等几个环节。

1）招聘。

a."教学工厂"招聘教师的基本要求是大学本科，但需要具备五年以上相关企业工作经验。这种招聘方式的优点在于：符合条件的应聘者原本是行业一线的工程师等，应聘到学校后能够有企业资源。他们既具备充足的知识架构，又具备丰富的实践经验。他们既能够钻研学术，又能够进行技术创新。

b."教学工厂"还注重从企业聘请专家到学校兼职。

c.除了重视教师的企业经历，"教学工厂"重视价值认同，要求教师必须认同教师行业，热爱教育工作。

2）培养与培训。

a."教学工厂"重视在职教师的培养与培训，以培训的方式确保教师确立终身学习的理念。对教师的培养、培训坚持"六个超越"原则：超越现有工作经验、超越现在岗位、超越现在系部、超越本人现状、超越学校及超越国土。

b. 在培养教师能力方面，学校及时更新教师的知识库，促使教师掌握的知识能够不断更新，能够处于领先位置。"教学工厂"每年安排教师到企业及相关机构学习提升，安排教师赴合作企业参与项目开发，并进行轮换，保证教师能够参与项目研发，促使教师的知识能够不断更新，不落后于行业的发展，推动教师自身技术的进步。

c. "教学工厂"每周一次聘请各类企业工程师到学校进行新技术讲座，帮助教师不断学习前沿知识，并安排教师参加专业展览会，提高教师的知识架构。

3）考核评聘。

a. "教学工厂"不组织教师评聘职称，符合条件并已上岗的教师统称为讲师。学校对教师的考核主要包括个人素质（工作态度、献身精神、忠诚态度、团队精神、主动进取精神和领导潜能）、教学工作表现（教学能力、沟通技巧、学生管理以及教材开发能力）、非教学工作表现（应变能力、资源的有效利用以及教学以外的表现情况），通过以上的考核，提高教师工作的积极性。

b. "教学工厂"还制定了较为合理的分配制度，这种制度类似于企业的年薪制。教师的收入除与个人当年完成工作的态度、业绩、综合表现挂钩外，并不与每一件工作的工作量或创收相联系。教师、职工、部门负责人工作岗位一般相对稳定，若教师连续三年综合考核情况落后，部门负责人会同其约谈，并进行工作任务的调整。

c. 在教育教学、学生管理等方面注重激发学生潜能。"教学工厂"通过灵活的课程设置、企业项目、企业实习、学生活动等激发学生潜能。首先，"教学工厂"采用模块式的课程设置模式，这一模式的最大优点是灵活且有弹性，学生可根据自己的能力选修课程，达到规定的学分可以毕业。其次，"教学工厂"让学生入学第一学期就能够参与企业项目研发，促使学生一进校就能够了解企业运作，从实践中去学习。再次，"教学工厂"在学校中营造真实的企业环境，学生在学校就能同时感受到企业氛围，教学与科研、实践也紧密结合，学生在这样的环境中能够得到各方面锻炼。最后，"教学工厂"将开展丰富多彩的社团活动，培养学生的组织领导能力、团队精神、关心意识等。如为了培养学生的关心、服务意识，学校组织学生去敬老院参加志愿活动，为了培养学生团队精神，学校组织学生参加户外拓展等。

d. 落实教师到企业实践的制度。严格落实教师到企业实践的制度，让教师能够有机会到企业进行深度学习。澳大利亚规定：TAFE 学院专业教师要经常到企业工作一段时间，把它作为必修课，他们称之"回到工业中的必修课"；法国规定：职业院校教师每年需要 1 个月时间到企业实习，国家为此提供 2000 种实习专业；我国规定：职业院校专业教师每两年必须有两个月的时间到企业或生产服务一线进行实践。通过教师的挂职实践、顶岗锻炼、合作研发等各种形式，组织教师到企业去顶岗实践，进行学习和锻炼。

e. 依托高校和企业对现有教师进行培训。要在高校、有条件的职业院校和企业建立专业教师培训基地，完善专业教师到对口企事业单位进行定期培训制度。学校要根据需要，聘请企业专家、专业技术人员和高技能人才，为学校教师举办新技术、新设备、新工艺、新材料等内容的培训班；企业安排研发创新人才和生产一线优秀高技能人才，在研发或生产现场对教师进行培训。通过培训，能够使职业院校师资特别是专业课教师和实习指导教师接触企业运行实际，提升专业能力。

f. 树立"以师为本"的理念。学校应确立"教师是学校发展主力军""人才是立校之本""人才投入是效益最大的投入"等理念。要按照《教师法》的规定，不断地解决职业教育教师的生活条件。要为教师解决相关的职称、工资待遇、医疗保障、住房等方面的问题，要进行综合评审，合格者按规定取得相应技师职业资格证书。

2. 新加坡高校高素质技术技能型人才培养模式的主要内容

新加坡高校高素质技术技能型人才培养模式体现在各高校的课程设置、教师的教学方法、教学评价与反馈、现代化教学手段、课余社团活动的导向等各个方面。

（1）课程设置。新加坡高校非常重视学生创造性思维、素质教育和实践技术技能三方面能力的培养，所以在课程设置方面，学校会从这三种能力培养的角度来划分每一阶段的培养目标。譬如在应用型高校中，大多采用的是学分制，第一学年学习基础课和部分专业课，全部课程统一安排，主要在于培养学生的基本学习能力、综合素养和创造性思维。课程包括必修基础课、必修专业课和选修人文社科课程，内容包括新加坡历史、时事政治、学生人际交往、人事管理、外语、经济、法律等，这些课程可以全方位地培养学生的综合素养。第二学年学生便要划分专业，学习专业基础知识，继续培养学生的学习能力和综合素质，课程以专业课和人文社科课程为主，鼓励学生跨专业选课，以拓宽学生的知识面。第三学年安排专业技术技能学习及实习，例如，计算机技术专业和材料工程专业要安排6个月（24周）到公司、企业进行专业实习。专业实习中要求学生独立完成一个与专业相关的研究项目，由学院专门机构帮助学生联系实习地点场所。每学年约有4000多名学生要进行此类实习，其中可有50~60名学生到国外去实习。学校更希望派学生出国学习，学生能够得到更多的锻炼机会，培养国际意识。待到学生完成了企业实习之后，学生必须向学校提交毕业设计成果，完成所有学业要求。

通过课程设置可以看出，新加坡高校非常重视学生的综合素质和基本功的训练，同时，还将学生实践能力的培养列为重点考核要求之一，由此可见，新加坡高校已经意识到培养高素质技术技能型的高级人才的重要性。

（2）教师的教学方法。新加坡高校特别重视学生能力的培养，在教学内容、教学方法的改革中特别重视学生能力的培养。在教学方法上，新加坡的各类学校开展个别指导和小组辅导。这种方法能够更好地锻炼学生，给学生提供充足的锻炼机会，展现学生的能力。小组辅导和个别指导的教学方法能够为学生提供灵活的学习环境，促进学生自觉学习和在教学过程中的参与意识。

（3）教学评价与反馈。新加坡各学校重视教学评价与反馈，每个学校都会制定教学评价方式，每两年还要请国外著名专家进行评价，给出一些反馈意见，然后学校根据反馈意见不断改进评价体系。除此之外，他们还会定期检查评价过程，推行学生反馈问卷制度，以此作为评估教学的辅助措施，协助学校进行一定的教学改革。

（4）现代化教学手段。新加坡学校非常重视使用信息技术，如多媒体、电脑辅助教学等手段。比较常见的便是网课，许多教师利用各种各样的网络教学平台进行辅助教学。新加坡学校通过校园网，使学生收益最大的便是促进了学习速度和效能。学校还专门成立了"教学及学习发展中心"，该中心装备了各种设备，如视听设备、摄影剧院设备、影像复制设备，以及自制的教育性教学材料（包括教材及其他印刷品）、可供教研人员自由进出的资料参考室等。此外，新加坡学校还有藏有丰富的教学技术视听资料的服务中心，为各学院的教学、研究计划和大学的发展计划提供一系列的服务。例如，在设计、发展及生产资讯和教育媒体（包括多种影像、多种媒体及混合媒体套件）时提供咨询和协作；进行电脑视像会议、互动影像、场地录像、室内录像及其他专业性的制作。可以说，新加坡学校关于现代化的教学手段相当丰富，他们能够有效地利用当代信息技术为教学服务，为教学增彩。

（5）课余社团活动。新加坡高校充分利用课余时间，在课余时间里安排活动激发学生能力，培养学生组织管理能力、科研创新能力、人际交往协作能力。学校要求每个教师的工作量中有三分之一为教学工作量、三分之一为科研工作量、三分之一为行政管理工作量。这就要求教师在教学、科研和行政三方面均要有所作为，不能单方面地只是进行教学工作，他们相信教师只有具备了综合能力和综合素养，才能培养出具有高素质的技术技能型人才。此外，新加坡高校在学生住宿方面制定了激励政策，只有品学兼优且积极参加社团活动的人才有资格申请居住在学校提供的宿舍，这在某种程度上激励了学生去参加课余生活和社团活动。

综上所述，新加坡高校注重培养学生的国民意识、创新能力、组织管理能力、人际交往协作能力、个人综合素质、实践动手技术技能，从课程设置、教师的教学方法、现代化教学手段、课余社团活动等方面诠释了新加坡教育的核心观念。新加坡高校的人才培养模式和观念是职业教育的重要借鉴。

3. 新加坡高校在高素质技术技能型人才培养中的具体实施案例

新加坡政府重视"人"的资源的开发与利用，通过开发国民的个性以及潜力，让每个国民接受适合其兴趣与智能状况的教育，促使每个人对家庭、社会乃至国家有高度的责任感。政府以及全社会十分重视教育，特别是职业教育，国家和企业都花费了大量的经费。他们吸纳精华，不断进行修正，制定出了一套适合国家自身发展的职业教育规划方案，比较典型的案例便是南洋理工学院。

（1）明确培养技术技能型人才的培养目标。新加坡南洋理工学院是新加坡第四个理工学院，它在 1992 年才正式成立，深究其办学历史，可追溯到 20 世纪 70 年代。学校的前身是国家经济发展局技术培训中心和经济发展局科技学院，根据学校的发展历史可以发现，新加坡在每个发展阶段都有适合其自身的经济体系，但南洋理工学院满足各个阶段的需求。在新加坡的教育体系中，南洋理工学院被划分为高职院校教育层次，学制三年，通过普通水准考试的初中毕业生均可申请该校，这类学生占总招生人数的 40%~50%，学生的素质要比两年学制的工艺学院学生好一些，毕业后可成为技术型人才或者助理工程师一类人才，以此满足政府对该类人才的迫切需求。学校还致力于培养创新型人才，强调学生的知识技能的重要性，培养能够适合社会发展的高级应用型人才。

（2）南洋理工学院的课程体系。

1）以项目为核心的课程体系。新加坡南洋理工学院开发的课程体系中，"项目"作为主导的综合课程，占据总课时数 50% 以上，并贯穿于教学过程始终。

每一个学期的课程，包括理论课程，均配有相应的项目设计与开发任务，这样学生在课堂学习之余便要参与到项目设计与开发当中，这个项目一定是结合了本学期的相关课程知识与技能，由此学生能够更好地消化知识并且掌握相应的技术与技能。这些项目除了教师自行设计的任务以外，还有一些来自于企业的实际项目，将模拟项目与实际项目结合起来培育学生，能够引导学生逐步走向主导发展的道路，有效激发学生的学习兴趣和学习成就感。

2)"2+1"模式的课程体系。新加坡南洋理工学院推行了独具特色的"2+1"课程模式,该模式的具体表现形式有两方面:一是第一、二学年对基础能力进行提升,通过实践理论课程和学期项目课程提升学生能力;二是到了第三学年,重点转为专项培训,学院开设专业课程并提高学生到国外实习的机会。学生在每一学年中,接受双轨并行的教育方式,并将其与课程模式相结合,根据不同的组别,一个学年的两个学期并行交替开课,利用这种方式,可以促使资源得到有效结合,学生也能够得到更大便利。

(3)南洋理工学院的教学模式的具体实施。

1)"教学工厂"模式的应用。现代新加坡教育的最大特色便是将理论与实践相结合,多年发展之后,新加坡南洋理工学院作为新加坡优秀的高职院校,其教学理念与模式最能体现"教学工厂"的特点。"教学工厂"是学生在校期间了解企业的最优方式,是学生得到提前认知企业的机会。"教学工厂"有利于学生在校就能感受到企业环境,在学校就能模拟出一个和真实的工厂一样的技术先进、设备精良的模拟工厂,并利用其帮助学校进行教学。"教学工厂"强调教育从模拟到仿真再到融合,将理论与实践紧密结合,二者相辅相成。

南洋理工学院通过"教学工厂",在提升教师团队意识的同时,也提供了工程项目机会,还令理论与实践相结合,从而在提高学生能力的同时也满足了企业的需求。

2)"双轨双行式"项目教学理念的应用。简单地说,"双轨双行式"项目教学模式就是将班级的学生分为两个独立的组合进行教学,每个学期两个小组分开学习课程,然后下一学期将两个小组的学习内容进行调换,这样使得学生能够集中地、小组式地学习课程内容,涉及实践课程时,学校的实践设备数量可以大大减少,节省一定开支,教学工厂的规模也可以缩小。同时,这样的教学模式能够保证每个学生都有动手实践的机会,且学校每个学期都不会有闲置的设备,这样既能提高学生的动手操作能力,也能提高设备的使用率。

新加坡大力发展职业教育的时间并不长,可其教育模式在世界高等职业教育领域已经较为成熟。新加坡人并没有简单地套用其他国家的教育模式,而是立足国家的发展,使得新加坡高职教育拥有自己的特点。而南洋理工学院当之无愧是新加坡高职教育领域里的成功案例。

4. 新加坡高校高素质技术技能型人才培养模式对我国的启示

纵观国际现代职业教育,当前流行且影响较大的人才培养模式主要包括:德国实施的"双元制"模式、澳大利亚实施的"TAFE"模式、美国实施的"合作教育"模式、英国实施的"三明治"模式、加拿大实施的"CBE"模式、新加坡实施的"教学工厂"模式等。具有"中国特色"的"工学结合、校企合作、顶岗实习"的职业教育人才培养模式与职教发达国家的人才培养模式相对应,已经成为我国职业教育重要的教学思想与范式。我国高职院校如何培养出高素质技术技能型人才,可以从新加坡教育中凝练出以下几点。

(1) 以服务于当前社会经济发展为核心目标,明确高职教育任务。新加坡政府对人才开发非常重视,人才对于新加坡这个国家来说是最有价值的资源,这一点从新加坡经济社会发展的过程便可以看得出来。在研究新加坡教育的过程中,我们发现,新加坡国家政府对于高等教育中培养顶尖人才和科技应用型人才的投入相当大,这几类人才直接或间接地为国家、社会发展作出了相当大的贡献。因此在新加坡健全的教育体系中,高等职业教育的地位最为突出。

众所周知,高等职业教育的培养目标是为社会生产培养出一线技术人才主力军,也是一种复合型人才的培养摇篮。换言之,高等职业教育要为企业培养生产高科技产品的一线高级技术管理和技术技能型人才。新加坡的高等职业院校是提供人才的主要渠道,高职院校的培养目标就是为企业提供高科技应用型人才,其教学模式与内容也严格按照高职教育特点。高职教育的目标就是为社会提供人才,因此高职院校的专业设置都需要考虑该地区的经济和地方发展,高职教育并不再是学历教育,而是为了培育人才,提升学生的能力,培养出高素质技术技能型人才,并促使他们成为企业的中坚力量。

(2)借鉴"教学工厂"理念,深化人才培养模式改革。"教学工厂"理念提供了实践教学思路,具体体现在课程教学、企业实习和毕业项目。完整的专业课教学过程,包含了教师讲解、答疑辅导、实验实训三个环节,实践课时大约占到60%,每周都会有一个固定时间在实训室或实习单位里进行操作或实验,而且实训室是开放的,学生实践课时实际上远远大于课表课时。我们也可以借鉴这种模式,延长实训室开放时间,让学生可以随时做项目,真正把实践教学提升到一定的高度。如计算机专业类的学生在科技公司顶岗实习的时间必须是9周。这9周时间必须按照企业要求上班,与企业员工一样遵守企业准则和要求,也就是要把自己变成完全的职业人。这样一来,学生才能真正进入角色,以企业员工的标准要求自己,而不仅仅是将实训当作一门课程来学习。

除了有组织地进行实习实践,学生们平时也需要与实习企业保持紧密联系,只要有空就应到企业实习。若想保证学生在企业实习的有效性,学校必须与企业保持紧密合作关系,常常保持联系,企业随时向学校提供就业岗位信息,学生根据自身学习能力和技术技能选择岗位。不光是学生去实习,教师也可以参与企业实习,这样可以使教师的教学能力和教学水平与时俱进。

此外,每门课程的综合实训和毕业项目设计应该为学生的实习和未来的工作打好基础。如构建类似计算机网络平台、软件项目开发与制作、某个领域的大数据分析、智能产品开发等,这些项目如果实施效果好的话,未来可以有机会得到实际应用。

(3)提升课程设置融合率,为学生提供多方位选择机会,提升学生综合素养。

1)以电子信息类专业为例,课程设置包含了许多计算机基础课程,随着计算机的日益普及,基础课程根据情况适当减少,可根据学生特色增加计算机进阶类课程,提高学生的综合能力。

2)在进行课程设置的时候,可以站在整体宏观的角度上,以专业群的方向落实各门专业课程,学生在学习基础课程的基础上,可选修专业群里的其他专业选修课,拓宽专业群知识面,提升综合素质。

3) 课程设置应该具有国际视野，可以联合多学院共同为学生开设城市、贸易、经济学等课程，使学生具有国际化视野，掌握社会所必需的知识。

4) 课程设置可以增设多学科合作、职业道德、职业发展等方面的人文课程，将人文社科类课程与本专业紧密结合，学生毕业后可以在人文、社会等思维层面上从事实践工作。

（4）以课程改革为中心，带动教学手段和方法的变革。我们可以借鉴新加坡"教学工厂"和"项目教学"三年不断线的特色，构建电子信息类专业的高素质技术技能型人才培养模式，落实到职业技术技能培育和人文素养的提升方面，以实践岗位为契机，将教学、学习和实践一体化，以此作为课程改革的基本手段。

在课程开发中，以"项目"为中心的课程开发是高职课堂的重要方式，电子信息类专业人才培养要与企业深度合作，共同开发实训项目，包括现场调研、专家报告、课内实训、基本技能实践、核心技能实践、综合实践、顶岗实习、毕业设计等。实训项目要根据课程特点，以某一应用开发为例，指导学生围绕该应用的设计、开发、具体实施展开，把知识、技能、职业素质融入项目完成过程中，让学生能够积极自主地学习，提高知识水平。

（5）建立高素质高技术师资队伍，确保教育的质量。为了确保教育的高质量，就需要建立高素质高技术的师资队伍。现在高职教育面临较好的机遇，高职教育是否能培养出高素质人才，重要的一点是是否拥有高素质教师团队。通过研究新加坡南洋理工学院的教育理念和模式之后，我国高职教育的师资队伍建设可以从以下几个方面采取措施。

1) 设计科学的教师准入制度。对于新入职教师，除了要求学历和技术技能水平以外，还要多方面考查其企业工作经验或实践能力。高职院校应当加快改革人事制度，为教师提供与企业进行自由交流与互动的平台与空间，从而提升教师的专业教学能力。

2) 为教师打造提高教研科研能力的环境。提升高职院校教师素质的最佳途径就是产学研一体化，该方式可帮助教师从知识型转变为技术型，协助教师做到科研教学两手抓，如鼓励成立"工作室"。但不论是大师工作室，还是名师工作室，都需要有丰富经验的教师带领，指导教师们参与教研、科研和实践，由此提升整个教师团队的素质与技术技能水平。这样的模式在完善教师科研、教研活动硬件条件的同时，也给了教师许多的实践机会，并增强了其责任感与荣誉感，是一个培养高素质高技术教师的不错的方式。

3）建立教师培训进修与考核制度是必不可少的一个环节。建立教师的终身教育制度，是提高教师整体素质的最佳途径。继续教育可培养教师的教育理念、专业技能、实践能力和现代化的教育手段，我们高职院校需要加快建立和完善教师培训进修及相关考核制度，在提高教师专业技能的同时能够让教师接触到高技术技能，了解前沿技术，掌握高技术技能。

第四章　高职院校高素质技术技能型人才培养的要求

2019年9月10日,《国务院关于印发国家职业教育改革实施方案的通知》指出"把职业教育摆在教育改革创新和经济社会发展中更加突出的位置,着力培养高素质劳动者和技术技能人才"。培养高素质技术技能型人才,是高职院校的使命与责任。高职院校应该以社会发展需要、国家需要、时代需要为导向,研究符合新时代下的高素质技术技能型人才培养方向。本章围绕高素质技能型人才职业素养、职业核心能力、专业能力三个方面进行探讨,全面剖析、深度挖掘,探索技术技能型人才培养的要求。

第一节　高素质技术技能型人才培养概述

高职院校作为培养高素质技术技能型人才的主阵地,与国家发展同向偕行,本节主要从技术技能型人才培养的理论基础、技术技能型人才的素质构成、技术技能型人才的地位、技术技能型人才的作用四方面着手研究,为高素质技术技能型人才培养研究奠定基础。

1. 高素质技术技能型人才的内涵

高素质技术技能型人才指具有高素质、符合职业素养要求、掌握专门知识和技术,具备一定的操作技能,并在工作实践中能够运用自己的技术和能力进行实际操作的人员。

目前国内外关于高素质技术技能型人才培养模式的探索和研究成果颇多,这是一项新时代的革命任务。关于培养高素质技术技能人才,国内外的成果中显示出"百家争鸣"的状态，但是大多围绕一个中心，即适应技术进步和生产方式变革以及社会公共服务的需要。早在十多年前，我国便非常重视培养国际化高素质技能型人才，如 2009 年 7 月 8 日的《中国教育报》便提出："我们应该了解和思考：企业在想什么？企业在做什么？企业需要什么？我们能为它做什么？从而积极回应为产业、行业和企业培养可持续发展的高素质技能型人才，满足经济社会发展对人才的需求。"

随着科学技术的不断进步，世界各国都十分重视高技能人才的培养，尤其是一些发达国家更是把培养高技能人才放在突出位置。那么国外典型的人才培养模式对我国有哪些启示呢？我们认为首先文化对高技能人才培养模式具有重大影响，然后是需要充分调动企业参与人才培养的积极性，最后就是需要完善国家职业资格认证制度。

近几年，职业院校在高素质技术技能型人才培养探索方面已经取得许多成果，探索的领域的覆盖面很广，涵盖了智能制造产业、农牧业、医学等领域。可以说面对职业院校高素质技术技能型人才培养，各个高校都开展了行动。有针对人才培养目标的研究，如綦颖在《对高等职业教育人才培养目标再认识》中明确提出，高等职业教育人才培养目标应该是动态的，要充分考虑到五个方面的要素。有针对人才培养的技能与素质的研究，如马明骏的《高素质高技能人才培养需要独特文化的熏陶》，李元敏的《高职教育中技能与素质并重》，刘巧凤的《高职学生职业素质教育嵌入专业教育研究》等，分别针对技能、素质如何与人才培养相融合进行了探索和研究。有针对人才培养的问题与对策的研究，如纪锐森在《课赛融合背景下高素质技能型人才培养模式改革研究》中提出，通过改革传统营销沙盘教学模式，采取"两融入、两阶段、三平台"的模式，形成了新的"课赛结合"的营销沙盘教学改革新模式，能够提高学生的自主学习能力，营造良好的教学环境。

综上，培养高素质技术技能型人才，是高职教育的发展方向。高等职业教育的发展变化，必须从观念着手，才能加强对各个方面人才的培养。

2. 高素质技术技能型人才培养的理论基础

（1）人力资本理论。美国著名经济学家舒尔茨（T.W. Schultz）首先提出了人力资本理论，被誉为"人力资本之父"，其代表作是《论人力资本投资》。他认为资本可以化分为两类：一类是以设备、车间、原材料等形式所呈现的物质资本，称为传统类型资本；另一类是体现在劳动者身上的一定技能和熟练劳动程度的资本，而通过资本投资形成的一种高质的熟练劳动力，称为人力资本"。他认为所谓的人力资本是凝聚在劳动者身上的知识、技能及其所表现出来的工作能力，是具有经济价值的一种资本。舒尔茨提出，经济的增长主要是人力资本所带来的结果，它是生产增长的主要因素，对生产起促进作用，人类未来并不是由耕地、能源、空间所决定，而是由人类的知识发展所决定。人力资本对经济增长的作用比物质资本增加要重要得多。人力资本需要投资才能实现，他把提升劳动者素质而进行的教育和培训的投入看成是一种长远的资本投资，具有重要的投资效益。人力资本不仅是个人受益，更是社会受益。

教育是人力资本形成的主要方式，高职教育是教育体系的重要组成部分。高职教育以各产业的相关科学知识以及生产技术为教育内容，培养面向生产线的生产、管理、服务的专门性人才，直接作用于社会生产经济发展。因而，高职教育比高等教育具有更强的实践性、针对性。人才培养与社会服务是高职教育的最重要的功能。高职教育培养高素质技能人才，不仅从专业能力而且从职业素养各方面进行培养，从而推动社会经济的发展。研究高职院校地方技能型人才培养目的就是提高人才培养质量，从而满足社会、企业的需求。

（2）准公共产品理论。准公共产品理论属于公共产品理论范畴。公共产品理论最早出现在 19 世纪 80 年代，意大利学者将边际效用价值理论运用到财政学的研究上，并论证了政府和财政在市场经济运行中的互补性与合理性，从而形成了公共产品理论。最早由萨约尔森对该理论下了定义。准公共产品就是指：具有有限的非排他性或有限的非竞争性的公共产品，介于纯公共产品和私人产品之间，如教育、政府兴建的公园、公路等都属于准公共产品。根据高职教育的属性及特点，它满足"准公共产品"的特性，是面向全体社会成员需要而提供的，在消费上具有竞争性的社会公共产品。这里结合经济学理论，将高职教育中各主要要素之间的关系进行如下阐述。

高职教育产品（高素质技术技能型人才）

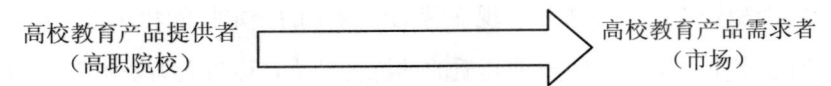

高校教育产品提供者　　　　⟹　　　　高校教育产品需求者
（高职院校）　　　　　　　　　　　　　　　　（市场）

此过程存在的前提必须建立在两个基本假设上：其一，必须把高职教育产品提供者的高职院校定位为生产单位，把其所从事的教学活动假定为一种生产过程；其二，必须把作为高职教育产品需求者的市场假定为高职教育供求中的消费者。因此，把高职教育培养的地方高素质技术技能型人才作为准公共产品，雇主作为高素质技术技能型人才的消费者与使用者，可以直接对产品的质量进行评价，这种评价的效果性更强，且评价结果有利于雇主的自身利益和高职院校人才培养的进一步完善，将更加明确人才培养和社会服务的关系。该理论的运用对于本章的研究有一定的指导作用。

（3）技术内生化经济增长理论。在舒尔茨提出人力资本论后，罗默把它引入到经济增长理论中，并提出技术进步是经济持续快速增长的主要因素，在知识经济时代，人力资本和知识资本具有越用越多的特性，这种内生的特性促进技术的进步，从而推动了经济的持久发展。这一理论强调了技术对于经济发展的重要性，同时也摒弃了原有的边际收益递减的假设，认为在知识形态中，实现经济增长的是具有内生性的知识资源和掌握知识的人力资源，不再是越用越少的自然资源。因此，收益递减不再成立，这也突出了人力资源的价值之大，因为它实现了人们一直期待的收益递增愿望。

3. 高素质技术技能型人才的素质构成

高素质技术技能型人才（可简称为高素质技能人才、高技能型人才或高技能人才）的素质主要由以下几方面构成。

（1）知识素质。高素质技能人才区别于普通工人的一点是具备扎实全面的专业知识和较高的科学文化知识。由于高素质技能人才面对的是一整套的操作运行设备，不仅需要他们能够熟练操作生产环节中各部分设备，而且要求具有快速的应变能力和成熟的心智技能，因此，高素质技能人才必须要掌握相应的专业知识和文化知识。此外，随着科技的日新月异和产业结构的变化调整，产品的生命周期逐渐缩短，生产设备也在不断更新，高素质技能人才需要不断提升自我能力，才能面对不断发展变化的社会。

（2）技能素质。由于高素质技能人才普遍都是各技术岗位上的"能工巧匠"，所以他们都拥有较高的技能素质，即能够全面、熟练、牢固地掌握操作技术和技巧，甚至到达炉火纯青的程度。高素质技能人才的技能素质包括动作技能和认知技能。动作技能指通过练习巩固下来的、自动化的、完善的动作活动方式，是高素质技能人才工作所需的最基本的技能；认知技能指借助于内部语言在头脑中进行的动作方式或智力活动方式。对于高素质技能人才来说，在完成一项复杂且有难度的操作时，不仅要有熟练的动作技能还要有认知技能的配合。

（3）职业道德素质。高素质技能人才职业道德素质表现在其能够坚守一个岗位不动摇并能持之以恒地提高自身知识和技能素质，尤其是有些高危险、高难度、高要求的岗位，更需要具有高水平职业道德素质的技能人才。职业道德素质还是高技能人才对其所从事职业的态度，体现在他能够投入所有的精力专注于本职工作，甚至达到忘我的境地，只有这样才能从初级工人逐渐成长为高技能人才。

4. 高素质技术技能型人才的地位

（1）高技能人才的社会生产地位。高技能人才是社会生产的骨干力量，遍布于各行各业生产实践的第一线，在物质资料生产过程中居于主体地位。由于物质资料的生产不仅需要大量的物力资源，还需要负责生产加工转化物力资源的人力资源，即劳动者，而高技能人才是劳动者中最优秀的也是处于层次最高的那一部分人，通常他们都是处在最关键的生产岗位上，因此他们在社会生产中发挥着不可替代的核心作用。

（2）高技能人才的政治地位。高技能人才作为工人阶级的重要组成部分，占据十分重要的位置，尤其是在提倡"工匠精神"的时代背景下，那些技艺精湛的高技能人群，即"大国工匠"们逐渐被社会大众所关注，并成为国家提倡的劳动模范和先进生产者的代表。至此，高技能人才的政治地位得到了提高，他们当中不乏全国或地方的人大代表，或是各种工会等人民团体的代表，拥有代表劳动人民参政议政的权利。

（3）高技能人才的企业地位。高技能人才在企业中处于操作执行者和管理决策者之间的中层地位，是企业中一种重要的人才类型。在工业化初期，企业只有管理者和操作者两个层次，但随着工业化的深入开展，企业的生产操作技术越来越复杂，这就需要一类能够把管理层的科学理论知识与操作层的生产实践经验相结合的人，高技能人才便应运而生，成为企业中连通高低层的中层人群。而且，随着生产力的发展，产品科学技术含量的增加，高技能人才作为企业的中间层也越来越重要。他们相较工程师之类的高层管理者来说，主要是把工程师开发、设计的程序和理论应用到实际的生产操作中，进而转化为产品，同时他们还要关注如何指导操作者把管理者技术层面的生产决策落实到现实操作中。他们与普通工人执行者的区别是，执行者只需要完成简单、基础的生产操作，而高技能人才需要掌握专业知识和技术操作的原理，并能够完成复杂的高技术含量工作。他们的实践经验比普通工人更为丰富，尤其是要处理一些关键性和高难度的工艺问题，以及维护生产设备、改良生产程序等。因此，高技能人才在企业中处于中流砥柱的重要地位。

5. 高素质技术技能型人才的作用

作为人力资源的重要组成部分，高技能人才在促进经济社会发展中起着至关重要的作用，具体表现为以下几个方面。

（1）高技能人才在提高经济效益、市场竞争力和劳动生产率上发挥重大作用，在企业发展过程中仅依靠廉价产品和压缩劳动力成本获取竞争优势并非长久之计，只有产品质量提升，并不断创新，才能在市场竞争中获取有利的位置。不论是技术的创新，还是产品质量的提高都离不开高技能人才，他们所掌握的先进工艺加工技术和技巧方法是企业转型升级的重要保障。

（2）在生产实践中他们发挥着主体作用，作为连接企业上下层，并将管理、设计和决策的意图贯彻到实践生产中去的人群，他们以技术作为重要的桥梁与手段，将科学理论转化为生产力。高技能人才已成为企业的重要力量，他们凭借着丰富的生产经验，成为了企业的核心力量，将科研成果应用到生产实践中。

（3）高技能人才在提升我国整体劳动者技能素质上起到了引领带头作用，受传统观念影响，过去曾存在轻视技能劳动者的现象，造成了技能型人才的短缺。但随着社会的不断进步，大众对高技能人才的认识也逐渐转变，那些被国家称赞的"大国工匠"们成为了亿万技能劳动者追求的榜样和目标，促使普通技术工人不断提高自身的能力。因此，高级技能人才能够带领其他人员的发展，具有较好的促进作用。

第二节　高素质技术技能型人才培养的必要性

随着我国社会经济发展的稳步向前，国家需要更多高素质技术技能型人才投入到祖国的建设中来。而高职院校是我国教学体系的主体部分，在人才培养上应该以国家的需要为前提。因此，高职院校在人才培养模式上，应该注重对学生素质、技能的培养，从而为社会提供真正具备就业能力、实践能力、创新能力的复合型人才。

1. 时代要求

当前，我国正处于变化转型期，处于从经济大国向经济强国的转变阶段。因此高职教育的发展也必须顺应形势的变化，顺应经济及现代产业体系变化，从而培养数量充足的高端技能型人才。只有培养高端技能型人才，才能适应社会发展之变化，才能适应企业的需求，从而促进就业以及民生。

高等职业教育以培养生产、建设、服务、管理第一线的高端技能型专门人才为主要任务。按照"到 2020 年，形成适应经济发展方式转变和产业结构调整要求、体现终身教育理念、中等和高等职业教育协调发展的现代职业教育体系"要求，高职院校应该顺应时代发展，深化改革，以服务学生为宗旨，促进学生就业，以增强学生质量为发展核心，提高学校特色，向一流的高等职业教育看齐，发挥培育学生的重要作用。

各地教育行政部门应该重视高职教育，使高职教学与社会同步发展，做好中等职业教育和高等职业教育的规划，对学校的发展进行特色化指导，充分发挥协调作用，从而提高学校的办学质量，推动学校的发展水平，促进学生的就业。

我国各地区发展水平不均衡，存在东部发展领先中西部，城市发展领先农村等问题。经济发展不均衡直接导致的一个结果是教育以及就业机会的不均衡。因此需要发展职业教育，职业教育的发展能够带动当地地方经济的发展，提高当地的社会发展水平。因此在经济和社会发展中，高素质技术技能型人才培养对于区域经济发展形成持续竞争力十分重要，也是高职院校培育教育的重点方向。

2. 新兴产业和传统产业升级对人才的新要求

随着经济的持续发展，我国产业结构也在不断调整，按照产业融合、产业结构软化、生产方式变革、产业融合创新发展对人才培养提出的新要求，提出了人才培养的对策建议。主要内容为在通识教育基础上推进专业教育、在学科融合基础上培养创新人才、面向产业链设置专业群、为产业转型升级提供更多复合型人才。

产业结构调整也会成为经济发展方式调整的主要方向。产业结构的调整会与技术结构、就业结构的变化相关联，从而促进人力资源的需求结构调整。随着科学技术的不断发展，呈现出高度分化和高度综合两种明显趋势，但产业结构变化新特征要求也是高校人才培养模式转变的要求。

随着信息技术的不断发展，产业之间的边界越来越不清晰，产业融合已经成为现代产业发展的方向，随着相关技术的发展提升，新兴产业和传统产业也在不断融合，互相取长补短，呈现出特有的模式。

由此，相关服务也需要技术技能型人才，产业融合也促进了与新兴产业相关的产品的出现，也对技术人员提出了更高的挑战与要求。

3. 高职教育改革发展的要求

《国家中长期教育改革和发展规划纲要》指出，高等教育必须适应国家和社会发展需要，遵循教育规律和人才成长规律，深化教育教学改革，创新教育教学方法，探索多种培养方式，形成各类人才辈出、拔尖创新人才不断涌现的局面。对于我国高职院校而言，办学的目标是培养出符合时代发展要求的技术技能型人才，提高人才培养质量，打造办学特色，从而获得社会的普遍认可。

在产业不断升级的背景下，对高职人才培养工作提出了更高更新的要求。《教育部关于全面提高高等教育质量的若干意见》中明确把"创新人才培养模式"作为提升人才培养水平、推进文化传承创新的重要举措。而社会经济的发展也要求高校必须不断提高人才培养水平，打造高质量人才，满足社会发展需求。

因此，高素质技术技能型人才的培养，也是高职教育改革发展的要求。高校在人才培养时应该结合社会需求，在人才培养时具有针对性。

4. 提升社会对职业教育认可度的要求

随着我国教育体制的深入改革，社会越来越关注职业教育的发展。职业教育院校的培养目标是培养应用型和技术型人才，因此，高职院校应该提高培养质量，提高社会对职业教育的认可度。但在教育改革的今天，我国社会对职业教育认可度不高，鄙视职业教育、歧视体力劳动的传统观念依然存在。因此，提升社会对职业教育认可度的要求迫在眉睫。

而提升社会对职业教育认可度的关键是高素质技术技能型人才培养质量的提高，这也能够有利于学生职业素养的形成，帮助学生形成与岗位相符合的职业能力，拓宽学生的知识面，帮助学生形成完善的知识结构。

因此，高素质技术技能型人才培养是提升社会职业教育认可度的要求。只有提高了人才培养质量，毕业生得到用人单位的广泛认同和好评，职业教育才能逐步受到社会的赞许和认同，才能提高职业教育的社会认可度。

第三节 高素质技术技能型人才职业素养要求

关于高素质技术技能型人才职业素养的要求，本节从职业素养的内涵、作用、要求三个方面入手进行剖析，对于职业素养进行深度讲解。

1. 职业素养的内涵

职业素养鼻祖 San Francieo 在其著作《职业素养》中这样定义：职业素养是人类在社会活动中需要遵守的行为规范，是职业内在的要求，是一个人在职业过程中表现出来的综合品质。其具体量化表现为职商（Career Quotient，CQ），它体现了一个社会人在职场中成功的素养及智慧，所以，职业素养是一个人职业生涯成败的关键因素。

简单来说，职业素养就是职业人在从事职业中不断提高自己的工作能力。其涵盖的内容非常广泛，从表观形式上分为显性素养和隐性素养。显性素养是指一个人的专业技术素养，像计算机等级、英语水平、技术资格证等，它更侧重于一个人的才干和能力。这种能力通过学习、培训是比较容易获得的，而且在实践运用中也会日渐成熟。隐性素养属于世界观、价值观、人生观范畴的产物，它与显性素养不同，体现在人的德行中，是从出生到退休或至死亡不断形成变化的。

人在一生中，往往需要担任不同的角色，有多种职业，但不管扮演什么角色，从事什么职业，用人单位往往都要求其具备特定的职业素养，这些职业素养有些时候是不一样的。很多面试者都有这样的思考，职场中，德和才到底哪个更重要呢？在调查中，很多面试者认为才优先于德，但是很多企业却认为，正确的工作态度才是首要的，其次才是专业水平。

这里正确的工作态度是隐性的素养，而专业水平是显性素养。这也如人们常听到的一句话："一个人三分才七分德就可以用，如果反之，三分德七分才，则万不可用。"从这句话中我们不难分析出隐性素养的重要性。

下面我们用著名的"冰山理论"来对一个人的职业素养作进一步的说明。我们把一个人的职业素养看作是一座冰山，浮在水面上的是他所拥有的外表、资质、知识、行为和技能，也就是员工的显性素养，潜在水面之下的东西包括职业道德、职业意识和职业态度，也就是员工的隐性素养。我们知道，冰山有八分之七存在于水底，职业素养中也同样有八分之七的隐性素养潜伏在水底，然而正是这八分之七的隐性素养支撑起了一个员工的显性素养！

为了验证"冰山理论"，我们来看下面两张统计表。

表 4-1 "百家著名企业用人标准研究"用人要素统计表（仅列出若干要素前 10 项）

序号	用人要素	提及的企业数/个	占企业总比例/%
1	综合素质	46	46
2	团队精神	36	36
3	专业能力和专业背景	32	32
4	创新能力	25	25
5	适应公司文化的能力	23	23
6	发展潜力	21	21
7	外语（英语）能力	20	20
8	社会实践能力与经验	18	18
9	学习能力	17	17
10	沟通能力	14	14

表 4-2 企业对应聘者能力、特征的重视程度（仅列出若干要素的前 12 项）

序号	应聘者的能力及特征	看中该项的企业数/个	普遍重视程度/%
1	创新能力	30	100
2	沟通表达能力	30	100
3	团队精神	30	100
4	忠诚度	30	100
5	工作兴趣	29	96.7
6	健康状况	29	96.7
7	外语	29	96.7
8	工作经验	28	93.3
9	计算机操作能力	28	93.3
10	个人信用	27	90
11	性格特征	25	83.3
12	专业	21	70

从以上两个表格我们可以看出，大多数企业对员工的隐性职业素养都是比较看重的。对于企业来说，一个人的显性职业素养的高低是可以衡量的，也是比较容易获得的，相对于隐性职业素养来说，也比较容易改变和发展，培训起来比较容易见成效。但从根本上解决员工综合素养问题却很难，这就需要企业从员工的隐性职业素养着手进行改变。相比于显性职业素养，员工的隐性素养由于潜伏在"水面以下"，很难被企业感知，但它却是企业成长中非常重要的一环。如果企业重视员工隐性素养的培养，那么将极大地促进员工各方面的发展，同时也有利于企业的发展壮大。

世界 500 强职商测试题

请从下面的问题中选择一个和自己最切合的答案，选择 A 为 8 分，选择 B 为 5 分，选择 C 为 3 分，选择 D 为 1 分。

1. 每天临出门前，你面对镜子：
   A. 前后左右仔细打量一番，看看是否得体无误
   B. 露出一个大大的笑脸，鼓励一下自己
   C. 匆匆路过镜子，稍微看一下自己是否还睡眼惺忪
   D. 根本没有心情照镜子，经常找不到镜子在哪里

2. 你每天用在整理自己仪容的次数大约是：
   A. 大约每两小时一次，时刻保持自己的职业形象
   B. 午餐的时候找个时间做个调整
   C. 除非有重要的场合要出席或特殊情况，否则哪来的空闲搞这些
   D. 根本就不会顾及这方面的事情

3. 你现在愿意改变工作方式在家办公吗？
   A. 不会，不希望自己脱离主流职场（被边缘化）
   B. 似乎有些吸引力，但我还是不会选择，我需要和社会保持密切接触
   C. 无所谓吧，我随便，看工作性质而定
   D. 热烈倡导，在家办公自由无拘束，正是我的梦想

4. 工作时，你经常打电话或者上网找人聊天吗？
   A. 这怎么可能？！我工作都忙不过来呢
   B. 偶尔吧，空闲的时候可能会打个电话，多半是私事
   C. 有空就打电话或上网
   D. 几乎天天有一半甚至更多的时间泡在网上聊天

5. 你的办公桌上摆着：
   A. 钟
   B. 植物
   C. 照片或玩具
   D. 除了文件什么都没有

6. 工作时你会陷入空想，将工作搁置下来吗？

    A. 从来没有，我是个实干家

    B. 偶尔，当我太累的时候，可能会不自觉地发发呆

    C. 有时候会突然陷入一种心境，就是发呆了，但还不算太频繁

    D. 经常陷入空想，几乎不能自我控制

7. 走在路上，你听到有钥匙掉落在地上的声音，你的直觉告诉你那是：

    A. 错觉，我这么严谨怎么会遗落东西呢

    B. 只有一把钥匙

    C. 两三把钥匙

    D. 一大串钥匙

8. 和上司一起参加一个社交会，你会：

    A. 无拘无束，很豪放，尽量表现自己"八面玲珑"

    B. 开始时可能略有矜持，但礼仪得当，能营造出和谐融洽的气氛

    C. 害羞，有些不知所措，但仍然能够主动打招呼，融入气氛

    D. 十分拘谨，感到很不合群，几乎不太说话

9. 年终发红利的时候，你：

    A. 很开心，又可以请客户大玩一通了

    B. 对红包的厚度十分自信，这下要好好慰劳一下自己了

    C. 紧张得像看成绩单，打开之前心里忐忑不安

    D. 完全提不起兴趣

10. 当你和上司的意见不一致时，你会：

    A. 据理力争，坚定表现自己的立场，并且会不自觉地提高自己的音量

    B. 以柔克刚，尽量提出双方都能接受的解决方法

    C. 连续争辩，如果不行就保持沉默，一切让老板决定

    D. 老板那么凶，我根本不敢和他提出会引起争议的问题

11. 如果你的大老板跃过你的顶头上司直接向你布置任务，你会如何应对？

    A. 尽善尽美地完成，牢牢抓住这个表现的机会

    B. 谦逊地向顶头上司请教，并将功劳的一半分给顶头上司

    C. 直接推给顶头上司

    D. 大肆宣扬，借以炫耀自己受到了大老板的器重

12. 你遇同事在你面前议论其他同事长短，你会：

    A. 表现出厌恶，可能会粗暴地打断令他下不了台

    B. 继续手中的工作，并婉转地提醒他现在是工作时间

    C. 虽然不发表意见，但也感到好奇，暂停工作听他说

    D. 很有兴趣，并和他一起展开议论

13. 遇到有异性同事开过火的玩笑，你会：

    A. 认为这样的事情司空见惯

    B. 用委婉的方式表达自己的不悦，让对方停止但也不伤和气

    C. 忍气吞声，勉强自己也跟着笑两下

    D. 立刻翻脸，不留一点情面

14. 最近你最常和谁一起吃晚餐？

    A. 上司

    B. 客户

    C. 同事

    D. 爱人

15. 如果你在事业上非常成功，但常常觉得工作压力很大，你将如何调节心态？

    A. 运动、打球或去健身房，彻底放松一下

    B. 学做个小菜，比如辣子鸡丁什么的，给爱人一个惊喜

    C. 卸下工作时的模样，换张脸，出去和朋友疯狂

    D. 整理房间，上上网，顺便为自己的发展找条后路

16. 对培训、集体旅游、奖金等公司福利，你是如何看待的呢？

    A. 我更愿意公司送我到国外进行培训，我很想进一步"充电"

    B. 旅游和健身我都很喜欢，陶冶情操锻炼身体而且可以学到很多东西

    C. 不管是什么福利，公司提供的就要充分享受

    D. 要什么福利，还不如兑换成现金呢

17. 对于各种情侣测试，你通常：

    A. 不屑一顾，觉得都是骗人的把戏

    B. 有时候测着玩玩，怀着美好的期望，但也不会被结果左右

    C. 虽然嘴上说不相信，但情绪很受结果的影响

    D. 只要是这类测试都做，信则有，不信则无

18. 你有没有多次做同一个梦的情况？

    A. 从来没有，我很少做梦

    B. 好像有过，但是记不清楚

    C. 明确记得有过

    D. 经常做同一个梦，感到很疑惑，有时也会害怕

19. 冬天又到了，你对冬天经常有的感觉是什么？

    A. 年终是一个繁忙的时间段，工作一定要安排妥当才行

    B. 白雪飘飘，美不胜收，只是下雪了容易塞车迟到

    C. 就一个字——"冷"

    D. 我讨厌冬天，心情和天气一样阴霾

得分综合评价：

121-152 分： 你对职业过分满足！也就是说，你是个"工作狂"，你是典型的"职业强人"。建议你不妨放松一下，你需要多彩的生活，这样才会越活越精彩。

93-120 分： 你的职业商数很高，完全能够胜任目前的工作。你是个聪明而能干的人，并且懂得爱惜自己。

70-92 分：作为职场能人，你可能被大多数人羡慕，稳定而不太操劳。建议你不要轻易跳槽，当然如果有绝好的机会也不要放弃。

43-69 分：看来你不太适合这个工作，或者你真的不太了解职场的规则。下一年度你可以多注意职场的新动态，有合适岗位不妨给自己一个重新开始的机会。

19-42 分：你不满意自己的职业，建议最好鼓足勇气去寻找令你满意的工作。新时代的职业人，应该有一份适合自己的事业。

2. 职业素养的特征

职业素养不仅体现在工作中，还体现在生活中。这其实是个人习惯，在于个人平时的用心修炼。一般来说，职业素养具有下列主要特征。

（1）职业性。职业素养是一个人从事职业活动的基础，不同的职业，职业素养是不一样的。因此，职业素养具有职业性，根据不同职业的要求而不同。

（2）稳定性。一个人的职业素养是在长期的从业过程中慢慢形成的。它一旦形成，便产生相对的稳定性。比如，一位教师，经过几年的教学生涯，就逐渐形成了怎样授课、怎样与学生交流、怎样为人师表等一系列教师职业素养。并且职业素养也会随着继续学习、工作和环境的影响不断提升。

（3）内在性。职业素养是一个人接受知识、技能的教育和培养，并通过实践磨炼后逐步养成、内化、积淀和升华的结果，是一个人能做什么、想做什么和如何做的内在特质的组合。

（4）整体性。现代职业岗位的要求越来越综合，对其人员的考察也是综合的，如崇高的理想、专业的知识技能等，只有这样才能胜任本职工作。因此，职业素养一个很重要的特点就是整体性。

（5）发展性。一个人的职业素养是不断发展的，随着接受的教育、实践不断发展形成。并且职业素养的发展性也要求从业人员必须不断提高自己的知识水平与技能，不断增强自己的本领，才能不断适应社会的发展。

3. 职业素养的作用

职业素养是十分重要的，这也是企业在应聘员工时非常看中的，良好的职业素养是从业人员发展的最根本要素，也是决定企业发展的最主要因素。因此，职业素养对于员工以及企业来说非常重要，也是员工以及企业未来能够发展更长远的重要因素之一。

（1）驱动作用。人的核心能力是创造力。职业教育的目的不仅是提高学生的综合素质，也是能够帮助学生实现更好更远的发展。高职教育的目的不应该仅仅将学生就业作为唯一的价值取向，还应该激发他们的动力，挖掘其潜力，发挥学生的最大能力，从而推动社会的发展。而良好的职业素养能更好地激发学生的驱动作用，因此我们不能机械性地培育学生。

（2）调控作用。职业素养具有调控作用，其能调控从业者的精神和行为。积极的情感能够使从业者精神充沛，能够让其享受工作过程；相反，消极的情感会使从业者心情低落，无心工作，甚至产生消极的想法。因此，良好的职业素养能够让从业者更加专心工作，能够让其端正工作态度，认真工作。

（3）彰显作用。职业素养是职业者的内在动力，能够突出职业者的涵养。热情饱满的工作激情能够促使从业者更加积极地工作，从而创造更大的效益。

（4）弥补作用。很多用人单位在招聘人才时，更多的是注重求职者的职业素养。"有志者事竟成"，勤能补拙的范例并不鲜见。对于个体而言，职业素养可以弥补能力上的不足，如端正的职业态度能够让从业者认真工作，克服困难。而对于企业来说，企业发展的最终动力来源于职工的能力，因此，端正的职业态度、良好的职业素养对企业来说尤为重要。

（5）提升作用。职业素养是以人文素养为基础的。职业素养与人文素养的结合，实质上是人文精神与科学精神的汇合。传统的方法是通过学习技术、训练技能、改进工艺、科学发明等来创造出更优良和高效的生产手段。为实现这一方式，在现代不再仅限于在"物"上下功夫，而是越来越注重提升人的创造力。因此，人的丰富的精神需求就成为科学管理的重要对象。随着时代的发展，人文精神在企业中被大力提倡，越来越多的企业倡导以人为本，提倡尊重人、关心人、发展人、激发人的热情，营造良好的企业氛围。

职业素养是十分重要的，从个人角度出发，如果缺乏良好的职业素养，无法取得更大的个人突破，很难获得成果，也很难融入团队，被团队所接纳；从企业角度来看，要充分发挥员工的潜力，只有高职业素养的员工才能带动企业的发展，从而提高企业的效率，帮助企业创造更大的价值；从国家的角度看，国民职业素养的高低直接影响着国家的发展、社会的运作，是社会得以长治久安的前提。

4. 职业素养的要求

（1）职业信念。习近平总书记指出："正确的理想、坚定的信念必须从青年抓起……一个人在青年时代确立的正确的理想、坚定的信念对自己成长和人生奋斗具有重要意义。"加强新时代大学生诚信教育，最根本、最关键的路径就是培育坚定理想信念，也就是坚定的马克思主义信仰、坚定的共产主义远大理想和中国特色社会主义共同理想、坚定的社会主义核心价值观。"得其大者可以兼其小"，一个大学生一旦形成坚定的理想信念，诚实守信也就会自然而然地成为他的行为习惯和思维方式，这些习惯和行为方式也会自然而然地融入到他的日常工作、学习和生活当中。树立职业信念要求如下：

1）树立正确的思想观念。树立正确的思想观念，就是树立正确的世界观、人生观和价值观。树立正确的思想观念，必须使得高素质人才具有良好的、健全的人格，也就是个人品格。技能型人才只有以科学的观念建立理想和信念，了解国家形势与发展，不断增强道路自信、理论自信、制度自信，践行社会主义核心价值观，才能树立正确的思想观念。

2）爱岗敬业。爱岗就是热爱自己的工作岗位，热爱本职工作，亦称热爱本职。爱岗是对人们工作态度的一种要求。热爱本职，就是职业工作者以正确的态度对待各种职业劳动，努力培养热爱自己所从事的工作的幸福感、荣誉感。爱岗敬业就是要用一种严肃恭敬的态度来对待自己的工作、热爱自己的工作。

高技能人才必须履行自己的职业职责，具备强烈的职业责任感，自觉根据职业的需要做到干一行、爱一行、专一行，精益求精，熟练掌握专业知识和技术，提高操作技能，努力钻研，从而创造出更大的价值。开发新技术、新产品，为企业，同时也为社会、为国家、为人民作出更大的贡献。从这个意义上而言，爱岗敬业的职业道德原则确为高技能人才必须具备的优良品德。

3）诚实守信。诚实守信是技能型人才在职业活动中必须而且应该遵循的行为准则，是实现自我价值的重要保障，也是个人的内在要求。缺失诚信，就会使自我陷入非常难堪的境地，个人应难以受到他人信任。因此，诚信是个人立身之本，处世之宝。个人应讲求道德修养和道德上的自我教育，培育理想人格，要求以诚心诚意和信心坚定的方式来进行自我陶冶和自我改造。

（2）职业道德。党的十九大明确提出："加快一流大学和一流学科建设，实现高等教育内涵式发展。"随着产业的不断升级，高校重要的职责是提高人才培养质量。为了适应我国社会主义现代化建设，党和政府着力推动高等教育大众化，大学生的数量增大，虽然提高了劳动者的整体素养，为企业提供了更多的选择机会，但也意味着就业压力大，"就业难"问题越来越凸出。并且，由于在职业教育培养中，大学生在自我提升过程中出现了追求功利等问题，只纯粹性地追求竞赛得奖，而不注重个人素养的提升。但是，在相同专业能力水平面前，企业更倾向于选择高职业素养的应聘者。这也给高职院校提出了更大的挑战，高职院校在培养学生时，不能只注重学生的专业能力，还应更加注重学生的职业素养。

职业道德就是人们在职业活动中，通过社会舆论、传统习惯和内心信念维持的特殊职业行为规范的总和。同其他道德一样，职业道德是一种社会意识现象，表现为人们的职业道德认识、观念、情感、信念、意志、理想，以及与它们相联系的职业道德舆论、良心等。职业道德具有悠久的历史，经过从原始社会到资本主义社会的不断丰富，到今天已经日趋完善，已成为一种相对独立的社会道德生活领域。在社会主义条件下，职业道德正在向更高的层次发展，具有更加丰富的内容。因此，开展职业道德的教育是社会发展的需要，是一项重要的社会任务。树立职业道德要求如下：

1）忠于职守，乐于奉献。尊职敬业，是从业者应该具备的一种崇高精神，也是作为高素质技术技能型人才应该遵守的规范，是做到求真务实、优质服务、勤奋奉献的前提和基础。学生在选择工作时，如果热爱自己的工作，把自己的工作与理想信念相结合，并当作自己一生的奋斗目标，那么在工作中就能够激发无限的潜能，甘于奉献，愿意去学习，乐于去学习，对待工作认真负责，不断提升自己各方面的能力。

敬业奉献是职业道德的内在要求。市场经济的发展，对高素质技术技能型人才的职业观念、态度、技能、纪律和作风都提出了新的更高的要求。

只有求实精神，而没有积极进取、乐于奉献的使命感，是很难完成工作任务的，从业者只有在工作中认真负责，树立崇高的理想，面对困难时，勇于去克服，任劳任怨，勤勤恳恳，才能在平凡的工作岗位上作出非凡的成绩。从业者在工作中也应该处理好个人、集体、国家三者的关系，将个人理想信念和社会理想信念相结合，发挥潜力，才能创造出更大的价值。

2）实事求是，一票否决。实事求是不应该仅仅应用于生活中，也应该应用于职场中。在工作中，我们必须做实事、讲实效，反对弄虚作假。这就要求从业者在工作中遵循职业道德。如果在工作中夹杂杂念，弄虚作假，缺乏诚信，就违反了实事求是这一基本职业道德。

高素质技术技能型人才应该树立高度的责任感，坚持实事求是的思想，一切从实际出发，从事实出发，不弄虚作假，不违背道德。处理任何事情都应该调查研究，不应该照本宣科，按照事物本来面目去如实反馈、如实研究。

3）依法行事，严守秘密。坚持依法行事和以德行事"两手抓"。一方面，要大力推进国家法治建设，加大执法力度，严厉打击各种违法乱纪的现象。另一方面，要通过思想政治教育进行教育引导，将其融入工作的全过程、各环节，增强人们的道德自觉性。

4）公正透明，服务社会。优质服务是职业道德所追求的最终目标，优质服务是职业生命力的延伸。因此，高素质技术技能型人才在工作时应该公正透明，为人民提供优质高效服务。

（3）职业技能。根据中国职业规划师协会的定义：对职业技能的认定是按照国家规定的职业标准，通过政府授权的考核鉴定机构，对劳动者的专业知识和技能水平进行客观公正、科学规范的评价与认证的活动。职业技能，即指技能型人才将来就业所需的技术和能力。学生是否具备良好的职业技能是能否顺利就业的前提。掌握职业技能要求如下：

1）掌握基本的职业技能操作方法和操作规范。要求技能型人才必须掌握基本的职业技能操作方法和操作规范，并达到上岗所要求的熟练程度（一般以取得职业资格证书为准）；树立基本的职业意识，形成与职业或岗位相对应的较完备、合理的专业知识结构等。其衡量尺度一般要遵从国家制定的相关职业标准。掌握基本的职业技能操作方法，才能保障技能型人才的工作胜任度，才能促使毕业生拥有较好的职业素养。

2）专业创新能力。高素质技能型人才同样需要具备创新能力，其内涵主要包括：敢于突破现状，不断创新，善于发现事物的不足，善于寻找新的问题，善于解决问题；并且能够根据工作的需要推陈出新，敢于发现问题，进行新事物的创造与探索；能够根据提出的想法，具体实践操作。专业创新能力的培养，可促使高素质人才的能力得到更大的提升，并能够更好地推动企业进步，提高企业的创造力与创新力。

3）职场应变能力。职场应变能力就是指高素质技能型人才能够灵活地解决职场中面临的问题。它包括：能够把握职场中的发展趋势；不断进行自我提升，学习先进的技能；拓宽知识面，形成更全面的具有延伸知识结构的能力。

（4）职业行为习惯。"习惯形成性格，性格决定命运"，学生时期是人成长过程中的一个关键时期，这一阶段对人的行为习惯养成具有积极的影响，也直接影响到未来就业的职业行为和职业素养。养成职业行为习惯要求如下：

1）遵纪守法、文明礼貌。无规矩难以成方圆。国无法不治，民无法不立。现代社会是法治社会，遵纪守法是每个公民的基本准则。在社会中，只有人人守法纪、凡事依法纪，社会才能安定，经济才能持续发展。如果没有法律的规范，各项秩序就很难得以维系，人们的生活环境将没有法治可言，生活秩序紊乱，也很难保障人民群众的生活安宁。遵纪守法也深刻反映了构建社会主义和谐社会的本质要求。社会主义和谐社会应具备民主法治、公平正义、安定有序、人与自然和谐相处等基本特征。遵纪守法是技能型人才的基本道德底线，也是构建和谐社会的基本前提，它充分体现了社会主义和谐社会的本质要求和价值追求，是社会主义和谐社会中思想道德建设和法制建设的基本要求。因此，只有知法、懂法，才能守法。我们应该自觉树立法治意识，遵守社会秩序，这样才能保障我们各项工作的有序运行。

高等学校承担着人才培养、知识创新和传承文明的重要任务，是对青年学生进行系统的思想道德教育的重要阵地。"遵纪守法"作为大学生思想道德修养的重要内容，是大学生个人对国家道德责任的"底线"。因此，高素质技能型人才培养的第一步必须使其学会遵纪守法。高校应该做好引领作用，培养和提高学生的法律信仰与法律意识。

2）树立远大理想、担当时代使命。习近平总书记在纪念五四运动100周年大会上，深情寄语新时代中国青年，明确提出树立远大理想、热爱伟大祖国、担当时代责任、勇于砥砺奋斗、练就过硬本领、锤炼品德修为，勉励广大青年不辜负党的期望、人民期待、民族重托，不辜负我们这个伟大时代。因此技能型人才应该树立远大理想，不断前行，积极进取，才能使人生前行有方向，工作生活有目标，自我价值实现有动力。

3）勤奋学习、艰苦奋斗。勤奋学习、积极进取行为的教育，是学生自觉学习习惯的养成教育，也是人才培养中高素质技术技能型人才所必须具备的。培养其科学的学习方法、学习的能力，对他们走上工作岗位后的自我学习有相当大的帮助。

艰苦奋斗，是党团结和带领人民实现国家富强、民族振兴的强大精神力量。党的历代中央领导集体都十分重视继承和发扬艰苦奋斗的精神，并将其作为治党、治国、治军的重要原则贯穿始终。在新的历史条件下，我们应该永远高扬艰苦奋斗的旗帜不动摇，这对自觉抵御各种腐朽思想侵蚀、保持党和国家政权永不变质、全面推进社会主义现代化建设事业无疑具有十分重大的意义。

高素质技术技能型人才更应该树立艰苦奋斗的精神，把理想和奋斗融入国家和民族的事业中，才能最终成就一番事业。因此，我们应该努力工作，不断进取，做好自己的本职工作，履行好自己的岗位职责，敢于突破，不断创新，以更加高昂的热情争做时代的奋进者、创造者。

第四节　高素质技术技能型人才职业核心能力要求

职业核心能力是在工作和生活中除专业岗位能力之外取得成功所必需的基本能力，它可以让人自信和成功地展示自己。当前，职业核心能力已经成为人们就业、再就业和职场升迁所必备的能力，也是在校、已就业和即将就业人群竞争力的重要标志，它也必将成为企事业单位在职人员综合素质提高的重要内容。因此，职业核心能力是高素质技能型人才必须具备的能力。本节主要研究职业核心能力的内涵、特点、作用，最后再剖析职业核心能力的要求。

1. 职业核心能力的内涵

"职业核心能力"在国外称为"关键能力""基础能力""软技能力"或"共同能力"。什么是职业核心能力？全国职业核心能力认证项目（简称 CVCC 项目）认为，职业核心能力（Key Skills）又称为关键能力，是指除专业能力之外，广泛需要并且可以让学习者自信和成功地展示自己，并根据具体情况如何选择和应用的、可迁移的基本能力。对于职业核心能力所包含的内容，我国劳动和社会保障部 1998 年在《国家技能振兴战略》中把职业核心能力分为八项，称为"八项核心能力"，包括与人交流、数字应用、信息处理、与人合作、解决问题、自我学习、创新革新、外语应用等。随后在 2010 年 5 月 20 日，教育部教育管理信息中心正式向全国发文推广全国职业核心能力 CVCC 认证项目，它包括三大模块，即基础核心能力、拓展核心能力和延伸核心能力。

对于职业能力，必须阐述其现实职业活动中职业核心能力的特殊表现方式。首先，职业核心能力是应用某种技术方法去做事的能力，而非一门技术，也非具体技巧点的组合。就像作战能力不能用射击技术来定义一样。例如，数字或信息是解决问题的必要条件，那么你必须准确地找到它们，而仅仅会进行数字运算的人，充其量只能成为别人的工具。职业核心能力中所提出的数字应用能力指的是找到问题里的数字，才能用数字解决问题，即需要找到解决问题的数字，而不是解决数字问题的技术。而执行职业活动需要置身于某一具体完整的活动中，从全局和各个环节入手，从狭义上来说，职业能力由多个能力点构成，但从广义上理解则以活动作为载体的完成活动任务的执行能力。其次，职业核心能力具有人格内化性（只与人同在）、个体特质性（因人而异）及人本情感性（会随着情绪变化的技术），换言之，是与人的心理、生理特征紧密结合的行为能力。

职业技能培训须遵循技能是主导，活动是载体，悟性是前提的规律。同时，培养职业核心能力也有其特殊的规律，一方面，职业核心能力的培养应该注重培养过程，而不是重视结果，即职业核心能力是日积月累形成的，而不是通过刻意的表现获得。另一方面，职业核心能力的获得不应该只依靠理论，还应该依靠行为习惯的形成，虽然先天因素非常重要，但后天的培养对于技能来说也很重要。

随着社会经济的快速发展，产业结构不断变化，职业岗位也不断变化，知识技术的运用周期不断地缩短，我国的职业生活方式也发生了巨大的变化。在我国的职业人才培养中，培养目标也在不断发生变化，以人为本的教育观深入到实际的教育发展中，为实现终生学习目标而奋斗，人的价值伴随着职业行动能力来展现，促进现代化的职业教育向着更加科学全面的方向进步。

2. 职业核心能力的特征

根据我们对职业核心能力的界定，职业核心能力具有如下特点：

（1）可培养性。职业核心能力需要后天的不断培养，但是需要通过合适的方式进行有目的的培养才能有所收获。比如与人交流的能力，虽然也是天生形成的，但学生后天的努力学习和勤于实践，可以弥补先天的不足，可以通过后天的培养收获与人交流的技巧与方式。

（2）普遍性及适用性。职业核心能与专业能力不同，它是每一个行业、任何职业都需要的能力，它不仅影响职业领域，也影响到人的终身成就与发展。

（3）可迁移性。核心能力是具有可迁移性的，一个人在职场中拥有了职业核心能力，也可以迁移到另一份工作或储存于其脑海中并转化成具体行为，自然运用到实践当中。

3. 职业核心能力的重要性

职业核心能力的培养作为高职教育发展的重要趋势，具有十分重要的作用，表现为以下三个方面：

（1）社会对高职学生的客观要求。具备职业核心能力也是社会对学生的要求。一名优秀的职业工作者，不仅应该拥有专业的技术技能，也应该拥有较强的核心能力，如与人沟通能力、团结协作能力，这样才能适应社会不断发展的步伐。

（2）高职学生求职竞争的重要条件。企业在面试应聘者时，越来越关注应聘者的综合素质能力。综合素质能力不仅只是专业能力而且还有职业核心能力，由此可见职业核心能力的重要性。良好的职业核心能力可以帮助应聘者快速地适应公司环境，较好地融入团队，与团队进行良好的交流合作。也可以帮助其与人交流，让员工在面对困难的时候，能够较好地解决问题。因此，学生的职业核心能力是高职院校学生可持续发展的需要，它能够帮助其在面试中脱颖而出，快速适应岗位需求。在人才培养中，高职院校应该增强对学生职业核心能力的培养，以满足企业和社会的需求。

（3）有利于培养学生的创新能力和综合素质。职业核心能力的培养，有利于提高学生的创新能力，增强其竞争力，提高其综合素质，因此在长期的实践活动中，是需要培养学生创新能力和综合素质的，这样也有利于增强企业的实力。

4. 职业核心能力的要求

对职业核心能力的要求如下所述。

（1）职业沟通能力。职业沟通能力包含表达能力、倾听能力和设计能力（形象设计、动作设计、环境设计）。沟通能力看起来是外在的东西，而实际上是个人素质的重要体现，它关系着一个人的知识、能力和品德。沟通过程的要素包括沟通主体、沟通客体、沟通介体、沟通环境和沟通渠道。

沟通能力指沟通者所具备的能胜任沟通工作的优良主观条件。简言之，人际沟通的能力指一个人与他人有效地进行沟通信息的能力，包括外在技巧和内在动因。其中，恰如其分和沟通效益是人们判断沟通能力的基本尺度。恰如其分，指沟通行为符合沟通情境和彼此相互关系的标准或期望；沟通效益，则指沟通活动在功能上达到了预期的目标，或者满足了沟通者的需要。在职业沟通中要求如下：

1）避免想法转移。在交往过程中，我们时常容易在交谈中因为某件事情而引发想法迁移，导致注意力从谈话中转移到自己的想法里，这种情况大多因为对方没有把你的话听进去。避免这种情况最好的办法就是抱着好奇心与对方交流，不要考虑与事情无关的事情，当下最重要的是面前与你交谈的对象。

2）不以否定开头。在谈话过程当中如果你想要表达自己的立场，就直接表达。不要先去否定别人的想法，这样会让倾听者心里很不舒服，在沟通中应该充分理解对方的想法，多站在对方的角度考虑问题。

3）简明扼要。在交谈中，我们应该简明扼要，不重复啰嗦，让对方能够快速理解讲话者的内容，这样能够提升沟通的有效性。

(2)团队协作能力。团队协作能力指建立在团队的基础之上,发挥团队精神、互补互助,以达到团队最大工作效率的能力。对于团队的成员来说,不仅要有个人能力,更需要有在不同的位置上各尽所能、与其他成员协调合作的能力。

团队协作能力对于一个团队至关重要。设团队总能力为 A,队长的团队组织能力为 a,每个队员的平均个人能力为 b,队中人数为 c,团队协作能力为 d,那么有:$A=a×(bc)(bc)(bc)\cdots(bc)$〔共 d 个(bc)〕,由此可见团队协作能力的巨大作用。

一个好的团队并不意味着每个人都很优秀,而是能够取长补短,各个成员之间能够精诚合作,互相学习进步,共同提升。对团队协作能力的要求如下:

1)欣赏。学会欣赏、懂得欣赏。很多时候,同处于一个团队中的员工难免有分歧,特别是当大家因某事而分出了高低时,落在后面的人就会很容易滋生不满心理。所以,每个人都要先把心态摆正,用客观的目光去看看这些矛盾或不满是什么原因造成,并多学习其他团队成员的优秀品质,这样才能共同进步。

团队的效率在于每个成员配合的默契程度,而这种默契来自于团队成员的互相欣赏和熟悉——欣赏长处、熟悉短处,最主要的是扬长避短。

2)信任。高效团队的一个重要特征就是团队成员之间相互信任。团队成员彼此相信各自的品格、个性、特点和工作能力。这种信任可以在团队内部创造高度互信的互动能量,这种信任将使团队成员乐于付出,相信团队的目标并为之付出自己的责任与激情。如果你不相信任何人,你也就不可能接纳任何人。根据团队交往的交互原则,如果你对他人产生了不信任感,别人也就不会信任你。因此团队成员之间应该建立信任,才能有利于良好的共同协作。

3)负责。负责即敢于担当,对自己负责,更意味着对团队负责、对团队成员负责,并将这种负责精神落实到每一个工作的细节之中。团队在运作过程中,难免出现失误,特别是在这种时候,团队成员更加不能互相推诿。对团队不负责任的人,往往缺乏自信,没有责任感,不能体会互帮互助的快乐,实际上,当你把事情推诿给他人,就意味着你把快乐转移给了他人。任何有利团队荣誉、有损团队利益的事情，与每一个团队成员都是息息相关的，所有的人都拥有不可推卸的责任。

（3）自我管理能力。自我管理即自我关系管理，指自我对自我的人生奋斗目标、自我的思想动态、自我的心理行为及其外在表现等进行的管理。同时，自我管理还能够将自我组织起来，达到大学生自我约束、激励、管理的效果，把自我行为向自我理想靠拢，最终实现既定的奋斗目标。大学生的自我管理主要由以下五大环节构成：自我定位环节、自我规划环节、自我实施环节、自我修正环节与自我评价环节。同时，大学生自我管理广义上指学生在认知自我特点的基础上，整合与利用自身的资源，通过科学管理方法的运用，进行自主学习、自我教育，最终实现大学生自我管理的过程，促进大学生自我发展，实现预期结果与目标。大学生自我管理具有如下特征：以大学生自我为本，注重激发大学生自身的综合能力且以行动为出发点；在管理内容上强调大学生自我意识与自我行为的检测，促进大学生自我管理能力的提升。对自我管理能力要求如下：

1）凡事提前 10 分钟。凡事提前 10 分钟会让你有充裕的时间应对可能的突发事件，更加从容；提前 10 分钟能够让你有更多更充足的时间准备接下来的工作和学习。

2）工作前梳理，工作后整理。工作之前，把一天要做的事按重要和紧急程度列出一个四象限，先完成重要且紧急的事，每完成一项就打个勾，保证今日事今日毕。工作结束之后再进行整理回顾，看看哪些地方还可以提高效率。

3）多发现别人的优点。每个人都是独特的个体，在与人接触中，要抱着欣赏的态度与他人交往，发现他人有什么优点可以被你吸收，这样就会减少很多偏见和争执，保持和谐融洽的氛围。

4）保持阅读习惯。读书会潜移默化地涵养你的心灵、塑造你的气质。因此，我们应该充分利用时间，每天尽量抽出 1~2 个小时看看书，养成阅读的习惯，慢慢地你就会发现你内在气质的改变，这样，自我管理技能也会在潜移默化中得到提升。

（4）创新创业能力。创新创业能力是指具有创业基本素质和开拓创新的能力，而高校创新创业能力教育不仅仅是以培育在校学生的创业意识、创新精神、创新创业能力为主的教育，而是要面向全社会，针对那些打算创业、已经创业、成功创业的创业群体，分阶段分层次地进行创新思维培养和创业能力锻炼的教育。

创新创业教育本质上是一种实用教育。因此，应该提升大学生的创新创业能力，形成良好的创新创业环境，建设完善的创新创业培育体系，形成良性循环系统，构建一个全方位的立体创新创业教育生态培育体系。这一体系包括高校、政府、企业、家庭、学生等多个子系统，各子系统之间相互联系、相互作用、相互支撑，构成一个完整的创新创业教育培育体系。对创新创业能力的要求如下：

1）注重技术创新。目前我国大多数大学生创业者的技术创新能力不足，如果仅仅依靠单纯的模式创新将凸显出它自身的局限性，不具有长远的发展潜力。因此大学生应该注重技术创新，这也是高素质技术技能型人才应该具备的能力。

2）理性看待创业。对目前的大学生创业者而言，大部分都仅仅拥有创业激情，但是很多时候是缺乏创业实力的，在创业前，大学生往往不了解创业市场和消费群体，只是凭着一腔热血创业。但创业终究不能只依靠激情，既需要全方面去学习，去调查，去研究，还应该脚踏实地，不痴迷暴富的机会，拒绝肤浅和浮躁，靠实力、实干和实效赢取成长优势，这才是大学生创业者的发展之路。

3）善于长远考虑。在创业过程中，创业者容易出现功利化现象，只追求眼前利益，不顾长远利益，但如果创业者目光短浅，不从企业整体利益去考虑，企业是很难有长远发展的。因此，技术创业者应当不断创新创造，沉着冷静，目光长远，这样才有可能为国家创造更大的财富价值。

第五节　高素质技术技能型人才专业能力要求

随着国家"一带一路"倡议的推进，高素质技能型人才的支撑已成为中国企业"走出去"的关键。"中国制造 2025"规划正在落实中，但是推动规划的落实需要微观方面的专业人才。而我国应用型技能人才数量较少，难以满足"中国制造 2025"规划的需求，人才缺口较大。因此，本节主要阐述新形势下对高素质技术技能型人才专业能力的要求，从专业能力的内涵、特征、重要性着手进行阐述。

1. 专业能力的内涵

劳动者胜任工作的核心能力是专业能力，对专业能力的要求是合理的知能结构，强调应用性、针对性。方法能力是具备从事职业活动所需要的工作方法和学习方法，包括工作的思路、方法以及实施的步骤。方法能力是基本发展能力，它是劳动者在职业生涯中获取技能的重要方式。对方法能力的要求是科学的思维模式，强调方法的逻辑性、合理性。社会能力是指具备从事职业活动所需要的行为能力，包括人际交往、公共关系、职业道德、环境意识。

随着高科技的迅猛发展，信息技术与传统制造业深度融合，经济社会发展呈现出一种全新的态势，市场对于人才的需求也发生了重大的变化，呈现出多元化、多样性的特征。高职院校的培养目标、课程设置、理论与实践教学等，都必须围绕行业企业对于人才的需求作出顶层设计和系统规划。坚持人才培养目标与行业用人标准相契合，在人才培养方案的制定与完善中，以行业企业职业岗位对于人才的职业技能要求为根本，深化专业内涵，改变创新教学内容和方法，由学科定位向就业导向转变。注重强化实践实训环节，建立理论教学与实践教学并行互动的教学体系，提高专业课程内容与职业标准相互对接的精准度。

2. 专业能力的特征

专业能力的特征如下所述。

（1）具有极强的专业性。专业能力是从业人员在长期的职业活动中，经过自己的学习实践，不断提升的能力。专业能力是某个职业所必须具有的能力，也是从业者所必须具有的核心能力，具有极强的专业性。专业能力不具有普遍性，每项工作所具有的专业能力也是不同的。

(2）具有严格的规范性和可操作性。专业能力具有严格的规范性和可操作性，根据可观察、可测量、可操作的特征来界定变量含义的方法，即从具体的行为、特征、指标上进行操作，将抽象的概念转换成可观测、可检验的项目。从本质上说，操作性定义就是详细描述研究变量的操作程序和测量指标。操作性的定义在实证性研究中尤为重要。

（3）与理论知识的连接密不可分。专业能力是从业人员在长期的职业活动中，经过自己的学习实践，不断提升的能力。高职院校对专业能力的培养最开始以理论知识学习为基础，再将理论知识与实践相结合，其与理论知识的连接是密不可分。

3. 专业能力的重要性

专业能力的重要性如下所述。

（1）专业能力是从业者最基本的素养。专业能力意味着从业者能否胜任工作，它包括专业技术能力和专业知识两方面。专业技术能力是职业活动所需的知识和技能，以及运用已经掌握的知识和技能解决生产实际问题的能力。专业知识是指从事工作所必须具备的知识，一般具有较为系统的内容体系和知识范围，掌握专业知识是培养专业技能的基础。

（2）掌握专业技能是高职学生的基本任务。如果高职学生只会学习理论，不懂实际操作，那么是无法获得企业认可的。并且随着社会的不断发展，对学生的综合素质要求不断提升，因此，学生必须掌握专业技能，才能不被社会所淘汰。

4. 专业能力的要求

对专业能力的要求如下所述。

（1）行业基本理论与方法。行业基本理论与方法是指通过深入研究某一行业发展动态、规模结构、竞争格局以及综合经济信息等，通过研究行业过去发展历程、行业发展现状和行业未来发展趋势，从而研究总结出来的行业基本理论与方法。

1）资料搜集。技能型人才要深入了解研究某一行业的发展动态，应该具备资料搜集能力，通过网络或向有经验的老师请教，进行行业资料的搜集。

2）资料整理与分析。资料搜集好后，应该对资料进行整理与分析，按照自己形成的行业分析框架思路进行整理与分析，从而形成对行业的基本认识。

3）钻研与细节处理。在整理好资料后，应该对行业研究进行专注和钻研，才能真正掌握行业研究的精髓。

（2）计算机基本操作能力。应该具备计算机基本操作能力，由简到繁，循序渐进。学习计算机知识，应该从头开始，慢慢学习，先从基础知识着手，从计算机的部件构成、部件连接学起，再不断拓展应用。

1）计算机的基本结构及工作原理。应该先学习计算机的基本结构及原理，比如计算机系统的构成。硬件系统是构成计算机的基础，是整个系统运行的物理平台，计算机的性能，如运算速度、存储容量、计算精度、可靠性等，很大程度上取决于硬件的配置。

2）管理计算机硬件和软件资源的 DOS 操作系统的基本命令。DOS 操作系统的功能之一便是文件的管理，所有程序数据以及其他信息以文件的形式存放在磁盘上，每一个文件都有一个且是唯一的名字标识。文件的信息以记录的形式按规定的存储结构存放在磁盘媒体中，记录是一次写入文件或从文件中一次读出的信息单元，一个文件可由若干条记录组成。

3）掌握文字处理软件。应该掌握文字处理软件，如 Office、WPS 等软件，掌握软件的运用，学会基本的办公软件操作。

（3）工程实践与创新能力。工程实践创新能力包括工程实践创新意识、工程实践创新思维和工程实践创新技能三部分，其核心是工程实践创新思维。大学一般具有三种职能：科技知识的生产者、现代知识的传播者和高新技术的创新者。也就是研发出创新的科技成果并将其应用于生产实践，培养出高层次工程实践创新人才为社会服务，推动科技、经济的发展。工程实践创新意识和工程实践创新能力是学生的综合能力的外在表现，它是以深厚的文化底蕴、高度综合化的知识、个性化的思想和崇高的精神境界为基础的。工程实践创新意识和工程实践创新能力是大学生获取知识的关键。

在知识经济时代，知识更新迅速。在这种情形下，知识的接受变得不太重要，重要的是对知识的选择、整合、转换和应用。学生最需要掌握的是那些包括面广、迁移性强、概括程度高的"核心"知识，但这些都不能通过教师讲授来获取，它只能通过学生自主深度学习，再不断地进行实际操作来获取，这就需要工程实践创新意识和工程实践创新能力在其中主动地发挥作用。

（4）程序设计思维能力。在计算机程序设计中，思维能力主要包含深刻性、严密性、灵活性、敏捷性以及创造性五个方面，可通过培养优良的思维品质来训练思维能力。

1）计算机程序中思维的深刻性。思维的深刻性又被称为思维的准确性或者思维的逻辑性，是用于衡量思维活动的逻辑水平。在计算机程序设计教学中，思维的准确性主要表现在以下两个方面：人类进行思维活动的过程中，需要具备强大的逻辑性、系统性和条理性，尤其是在推理、判断、概括、论证等过程中，必须要遵守思维的逻辑规则；思维成果的深刻性和正确性，主要是指经过思维过程之后得出的结论，要能够正确地反映客观的事实和本质。因此在学习时要结合自身对形象思维的认知能力，并总结思维发展规律，准确理解程序算法的思想，进而提高思维能力。

2）计算机程序中思维的严密性。在计算机程序设计中程序编写是连接理论知识和上机实践操作的重要桥梁，同样也是训练思维的有效途径，在此过程中需要自己进行发挥和学习，在某些需要的技术环节，对有疑惑的地方可请老师点拨和指导，从而进行周密、全面、细致的分析设计过程。

3）计算机程序中思维的灵活性与敏捷性。思维的灵活性和敏捷性是建立在学生思维深刻性的基础之上的，只有具备了思维的灵活性和敏捷性，才能较好地适应环境，并进行积极而周密的思考，从而作出正确的判断。

第五章 "大思政"背景下高职院校IT类专业高素质技术技能型人才培养体系构建

第一节 党建引领

党的十九大报告首次把党的政治建设纳入党的建设总体布局，突显了党的政治建设的重要性。党建引领，就是要统一思想认识，让基层党组织成为凝聚党员群众的"主心骨"；党建引领，就是要示范带动，让党员干部成为促推社会发展的"领头羊"；党建引领，就是要动员群众，让各界力量成为参与专业建设与人才培养的"生力军"。那究竟要如何发挥党建引领作用呢？

首先，要树立以人为本的理念，要从群众的根本利益出发谋发展、促发展，在发展的各个环节、各项工作中体现和保障广大群众的利益，让改革、创新、发展的成果真正惠及广大群众。

其次，要树立全面、协调、可持续的发展理念；要真正做到科学发展观确定的统筹兼顾的发展之法，既要关注业务发展，又要关注群众思想、行为发展演变，既要考虑当前发展，又要顾及长远发展；实现发展的质量、效益和速度的全面统一。

再次，基层党组织要始终与上级党组织保持一致，坚决贯彻执行上级党组织的决策部署，要抓原则、管方向、管大事、管决策，充分发挥领导核心作用和政治核心作用，保证各项事业沿着正确的方向前进。

最后，基层党组织要树立大局意识和长远思想，在谋求局部发展的同时更多地考虑全局利益，在谋求当前发展的同时更多地考虑打基础、利长远的事。

重庆电子工程职业学院的一个专业党支部实施"双带头""双融合""双促进"的"三双"工作模式，充分发挥了党员先锋模范作用和支部战斗堡垒作用，很好地实现了支部党建与专业建设高质量发展。下面就以其为例，剖析如何发挥党建引领的作用，开展支部建设与专业建设。

1. 党支部的"三双"工作模式

（1）实施"双带头"，即从专业带头人中遴选党支部书记。"双带头"支部书记，秉持"党务与业务能力同提升，支部建设与专业建设共发展"的工作理念，不断提升自身思想政治素养、党务工作水平、教学科研能力，勇于担当、带头示范，带领支部党员，不断推进党务与业务"双融合"、实现党建与专业"双促进"，推动事业发展、提升育人质量。该支部书记与专业带头人先后被评为市级和校级优秀党务工作者、党建工作先进个人、师德标兵、教学名师以及黄炎培职业教育重庆市杰出教师奖（被推荐参与全国评选），"头雁效应"有力彰显。

（2）推进"双融合"，即党支部实施"支部建设与专业建设相融合""教书与育人相融合"。

1）将该专业非党员教师纳入党支部政治理论学习，深入贯彻落实习近平新时代中国特色社会主义思想和十九大会议精神，坚定维护党中央权威和集中统一领导，积极践行社会主义核心价值观，高扬主旋律，弘扬正能量，使师生坚定"四个自信"和"四个意识"，定期进行意识形态研判和重点人员排查，进一步统一思想，凝心聚力，达成共识，共促支部和专业齐发展、齐进步。

2）采取"六进"措施，落实"大思政"教育理念，"教书"与"育人"并重。将习近平新时代中国特色社会主义思想、社会主义核心价值观等核心要义融进人才培养方案、进课程标准、进教材、进课堂、进寝室、进网络，特别是重点推进"课程思政"融入人才培养方案，不断提升支部组织力。

3）发挥党员先锋模范作用，引领专业发展。实施支部党员带头开展行业企业调研，不断优化专业人才培养定位与课程设置；带头开展产教融合与教育教学改革；带头承担课程开发与实训室建设；带头承担班导师工作；带头落实专任教师与学管队伍联动强化学生管理；带头落实精准结对帮扶困难学生。

4）组建课外实践基地、设置党员先锋示范岗，带领学生开展社会服务、指导学生进行创新创业及参与技能竞赛，培养学生专业技能和综合素养。

5）邀请非党员教师以及学生代表参加党支部民主评议，深入开展批评与自我批评，树立典型、表彰先进。

（3）实现"双促进"，即党支部发展与专业发展相互促进、教师成长与学生成才相互促进，成效突出，支部组织力、战斗力不断增强。由专任教师、思政辅导员以及学生党员构成的混编党支部，在党员发展中全过程、全方位、动态化考核发展对象，有效防止了入党动机功利化，保障了党员发展质量。支部战斗堡垒作用发挥充分，专业建设卓有成效；支部党员抢挑重担、敢为人先、刻苦攻坚、无私奉献，实现了专业发展和人才培养上的硕果累累，形成了"党建促业务、业务促党建"的良性循环。支部成为校内标杆党支部，被评为优秀基层党支部，上级领导多次亲临指导；教师团队被评为重庆市创新教学团队，被授予重庆市工人先锋号。

2. 党建引领专业建设的总体建设思路和建设目标

深入贯彻落实习近平新时代中国特色社会主义思想和十九大会议精神，坚定维护党中央权威和集中统一领导，积极践行社会主义核心价值观，高扬主旋律、弘扬正能量，继续深化"三双"工作模式，深入推进落实"双带头人"培育工程，围绕全国党建工作样板支部创建标准，进一步深化落实党支部建设的"七个有力"，在党员教育、管理、监督以及组织、宣传、凝聚、服务师生上狠下功夫，作出特色，使师生更加坚定"四个自信"和"四个意识"，党建工作和业务工作在"双融合""双促进"上成效显著。

力争通过2年时间，将该专业党支部建成特色鲜明、示范引领作用突显的全国党建工作样板党支部，将专业建成在本地区乃至全国特色鲜明、有一定影响力的专业（群）。总结提炼一套特色鲜明、切实可行、可复制、可推广的样板党支部工作模式，为本校、本市乃至全国兄弟院校的党支部建设提供借鉴参考，为学校以及上级部门决策提供参考。

以上是该党支部实施党建引领的基本思想和理念，那么如何实施呢？该党支部针对建设目标制定了相应的计划，主要分为两个阶段。

（1）第一阶段：3个月。

目标：进一步深化阵地建设，创新工作方法，进一步抓好支部班子建设、支部党建主责主业，充分发挥支部政治功能。重点围绕严格"三会一课"、主题党日等出成果。

具体举措：

1）抓好阵地建设。将现有的支部活动室进行升级改造，打造成党员学习之家、党员与非党员的服务之所，充分发挥党支部的服务功能，有效解决教师实际问题，增强教师归属感、获得感。

2）抓支部班子建设。除"双带头人"担任支部书记外，遴选"双带头人"后备人才、思想政治辅导员进入支部班子，强化支部书记与支部班子成员政治学习和业务学习，提升支委履职尽责能力，发挥支部书记引领作用、班子成员示范作用，增强班子凝聚力，提升支部战斗力。

3）抓好制度建设。建立党员、发展对象、积极分子、入党申请人等几类人员台账制度，实施发展对象、积极分子等几类人员动态管理制度，进一步优化发展对象、积极分子等几类人员的培养制度，以及党员发展中全过程、全方位、动态化的量化考核制度，确保党员发展质量。建立定期开展党员党务、业务能力提升的学习培训制度，进一步完善党员先锋示范岗、对口帮扶等事项的激励制度和负面清单制度，促进党员先锋模范作用和支部战斗堡垒作用的充分发挥。

4）抓实工作特色。在"三会一课"、组织生活会、民主评议党员、主题党日活动等方面创新工作方法、丰富组织活动形式，在专业建设、教育教学中有效使习近平新时代中国特色社会主义思想入脑入心，最大限度地把师生组织起来，引领带动师生投入中心工作动力强、实效性强。

（2）第二阶段：12个月。

目标：进一步落实"三双"模式促发展，充分发挥党员先锋模范作用和支部战斗堡垒作用，实现支部"七个"有力。

具体举措：

1）抓好"双带头人"。秉持"党务与业务能力同提升，支部建设与专业建设共发展"的工作理念，发挥"双带头人"引领作用，勇于担当、带头示范，带领支部党员，不断推进党务与业务"双融合"，实现党建与专业"双促进"，推动事业发展，提升育人质量。

2）继续推行"六进"措施，重点落实好"课程思政"。将习近平新时代中国特色社会主义思想、社会主义核心价值观等核心要义融进人才培养方案、进课程标准、进教材、进课堂、进寝室、进网络，实现思想政治教育贯穿教育教学全过程。

3）继续做好"双融合"工作，提升支部组织力、战斗力。鼓励支部党员抢挑重担、敢为人先、刻苦攻坚、无私奉献，发挥党员先锋模范作用，引领专业发展。实施支部党员带头开展行业企业调研，不断优化专业人才培养定位与课程设置；带头开展产教融合与教育教学改革；带头承担课程开发与实训室建设；带头承担班导师工作；带头落实专任教师与学管队伍联动强化学生管理；带头落实精准结对帮扶困难学生。

4）抓实党员发展。丰富组织活动，全过程、全方位培养和量化考核积极分子，保证党员发展质量。

5）抓好校企共建党建基地建设。组建课外实践基地、设置党员先锋示范岗，带领学生开展科学研究、技术服务，指导学生进行创新创业及参与技能竞赛，培养学生专业技能和综合素养。

6）抓好支部社会服务。组建社会服务队伍，开展"三下乡"、关爱留守儿童、关爱孤寡老人、科学普及等活动，发挥支部服务功能。

7）抓好民主评议。邀请非党员教师以及学生代表参加党支部民主评议，深入开展批评与自我批评，树立典型、表彰先进，促进党员先锋模范作用发挥。

8）做好"互联网+党建"工作。依托学校自主开发的质量诊改信息平台，实现大数据管理；打造微信、网站等公共平台，深化线上线下学习形式，突出学习效果，展示建设成效，充分发挥党员和支部的示范作用，增强支部的凝聚力、向心力、影响力、感召力。

9）开辟党建竞赛常态机制。每年分春秋两季组织开展学生、教师竞赛活动，竞赛内容分为专业知识、专业技能、党建理论、创新创业规划等项目。

第二节　人才培养目标定位

随着时代的进步，社会上特别需要的大量人才是技能型人才，高职院校高素质技术技能型人才的培养目标是培养适应第一线工作的技能型人才，能够满足一线生产、建设、管理、服务等。也就是说，这一类技能型人才需要同时具有专业、职业技能，且具有高素质。

技能型人才的培养，是要培养能够独立完成某一项活动的能力，比如运动能力、机械能力、文书能力等。事实上，所有已经具备的能力都是训练的结果，虽然有些同学具有某方面的能力，但是没有经过后期的训练，其能力也不能很好地被发现。在职业能力之中，主要有沟通能力与组织能力、协调能力、管理能力等，而这些能力的培养直接与创造品格和素质的学习有关。

谈到创造，这是培养人才的最终目标，我们不能只是单纯培养学生的技能，更重要的是如何在培养学生成为高素质技能型人才之后，使其朝着创造、创新的道路发展。那么，如何培养技能型人才的创造力呢？随着知识经济的发展，我们对"创造"应有全新的理解，创造的能力与创造的素质是息息相关的，素质决定了其能力发展的高低。而技能型人才的创造素质,是要以合理的知识结构为基础,兼具学习能力、宏观调控能力、人际关系处理能力、语言表达能力等。

技能型人才的培养除了要培养创造素质以外,还要培养其创造品格。品格是指人们的思想与行为的品质,一般是人们在社会生活中处理事情过程中体现出来的个性心理品质。创造品格的高低能够决定创造活动的成功与否,或者说是促进创造成果诞生的重要品质之一。它是一个人创造能力形成的主要力量,要想培养高素质的技能型人才,我们不能忽视他们的创造能力的塑造。

此外,站在时代发展需求的角度来审视人才培养,当今世界日益激烈的竞争已经不仅仅是单纯的科学技术竞争,更是人文素质、人文精神、人文眼光的更深层面上的竞争。大学生是人文素质与技术能力的承载体,他们是未来的竞争主力军,我们在人才培养方面,务必要引导学生如何做人,如何处理各项关系,比如人与自然、社会之间的关系,还有人与人之间的关系等,要引导他们去思考人生的价值与目的,发展其人性、人格,陶冶其情操。

1. 人才培养定位的内涵

在开展人才培养工作之初,我们首先要搞清楚,三年左右的时间,到底要将学生培养成什么样的人,使学生获得哪些知识、具备什么样的职业素质和职业能力,毕业之后到什么行业什么岗位从事什么工作。这一思考过程便是对人才培养定位的过程。当下,职业院校面临着的普遍任务便是培养高素质的技术技能型人才,这一类人才要适应当下的社会形势和发展需求,为祖国未来的发展做贡献。以下就高素质技术技能型人才培养的定位内涵进行详细解析。

(1)高素质人才内涵解析。在《教育部关于全面提高高等职业教育教学质量的若干意见》(教高〔2006〕16 号)文件中首次提出"高素质技能型专门人才"的概念,而后,随着经济社会的飞速发展,高等职业教育也发生了翻天覆地的变化,针对人才培养的定位逐步明确起来。2012 年《国家教育事业发展第十二个五年规划》明确提出"高级技术技能人才和专家级技术技能人才",这既是明确高等职业教育人才培养规格定位的过程，也是逐步界定高素质技术技能型人才必备的基本内涵的过程。

高素质人才的内涵主要集中在人才的价值体现，如何实现人才的全面发展，是高素质人才培养的重要目标。高职教育在经济社会发展中的地位逐步提升，其培养的技术型人才在产学研一体化发展中得到了大量的运用，高素质是技术技能型人才需要注入的新的灵魂。

（2）技术技能型人才内涵解析。技术技能型人才的含义可以从两个方面来解析：第一是培养具有技术的技能型人才，此含义中是将技能型人才作为主体，将技术作为修饰语，重点强调了技术是先决条件；第二是培养兼具技术和技能的人才，二者并重。不论是强调技术，还是强调技能，亦或是二者皆有，都是指要培养出新世纪的应用型人才，具有实干能力。

在不同时期，对这一概念的理解又不同。2004年，提出技能型人才培养体系中的三种人才：技术技能型人才、复合技能型人才、知识技能型人才。这一时期，应采取第一种理解，"技术"是"技能型人才"的修饰语。同理，"复合""知识"都是对技能型人才的修饰语。由此，在技能型人才培养体系中，要求培养技术型的技能人才、复合型的技能人才和知识型的技能人才。这三种人才之间是逐级递进的关系，是技能型人才培养目标的逐级提升。

对于技能型专门人才内涵的界定，有一个认识不断深化的过程。在此，仅从高技能型人才到高端技能型专门人才内涵界定的演变来认识高端技能型专门人才内涵问题，这样，我们的认识视角就更加全面。要理解技能型人才的内涵，首先需要弄清"技能"的内涵。英国学者认为，技能是完成工作的能力，这种能力一般都有可衡量的标准，它可以通过学习或实践获得。

澳大利亚学者墨尼尔认为"技能是在社会实践中建构和确立起来的"，主要通过实践和教育获得；在"技能"的整个"逻辑"框架中，包含着行为技能、技术技能。我国学者顾明远等主编的《教育大辞典》中把"技能"定义为"主体在已有的知识经验基础上，经练习形成的执行某种任务的活动方式"。而张国初经过比较研究后发现,我国"技能"的内在范畴比国际通行的范畴要狭窄许多,这已经不适应目前经济社会发展对理论探索的要求。对国际通行的"技能"观点加以归纳后,他认为:"技能是一种多维度的能力,在科学技术方面尤为如此。我们不能单纯地将技能理解为操作技术的能力,只谈到动手能力,也不仅仅只是手工艺能力,它包含方方面面的能力,譬如知识、理解、判断等;它还包括了灵敏的体能,综合分析与推理能力及其他相关的领导能力等。"

从对技能内涵的理解出发,许多学者进一步对技能型人才的内涵进行了界定,并形成了以下几种具有代表性的定义:

第一种定义认为:技能型人才是一个相对的、广义的和综合性的概念,这类人才不仅依赖操作技能进行工作,而且需要一定的专业理论知识。同时,还能够综合运用专业知识解决具体的问题,更要具备解决现场突发性问题的应变能力。

第二种定义认为:技能型人才是经过专门的培养和训练,掌握当代较高水平的应用技术和理论知识,并具有创造性能力和独立解决关键性问题能力的高素质劳动者。其中的高技能型人才的特征是:脑力劳动的比重增大、理论水平较高;掌握高、精、尖的操作技巧;具有出众的创造能力,宽泛的适应能力。

第三种定义认为:高技能型人才是指生产和服务企业中,在线从事那些技术含量大、劳动复杂程度高的工作的高级技术工人和技师。他们在工作中既要动脑又要动手;既要具有较高的知识层次和创新能力,又要熟练掌握操作技能。

第四种定义认为:高技能型人才是指那些具有必要的理论知识、掌握现代设备的使用与维修,在生产和服务领域中能完成初、中级技工难以掌握的高难度或关键环节,并有创新能力的高级技工、技师和高级技师。

第五种定义认为:高技能型人才是指在生产、运输和服务等领域岗位一线的从业者中,具备精湛专业技能、能在关键环节发挥作用、能够解决生产操作难题的人员。主要包括技能劳动者中取得高级技工、技师和高级技师职业资格及相应职级的人员。

总之,有关技能型人才的定义多种多样,目前并没有完全统一的说法,这主要是因为人才的内涵具有动态性、相对性和多样性的特征,针对技术技能型人才进行定义时也将是全方面的、综合性的。

(3)高素质技术技能型人才培养内涵解析。所谓"高素质技术技能型人才培养",是指政府通过实施有效的方针政策,采取职业教育和培训的方式造就大批适应工业化和城镇化需要的具有高素质、专业知识和技能的应用型人才的特殊活动。

其实,技能型人才的培养作为一种实践活动早已展开,并逐渐形成了不同的培养模式。我国目前流行的技能型人才培养模式主要有三种:学校培养模式、企业培养模式、校企分工合作培养模式。

1)所谓"学校培养模式",是指由各类各级职业学校依据国家相关法律法规,按照规定的专业岗位标准制定培养计划、安排教学内容、组织教学实施的培养模式。在现阶段,学校模式仍然是我国技能型人才培养的最主要模式。学校培养模式的成本相对最低,也是最容易实施的一种途径。但学校培养模式也存在着欠缺:由于缺乏对实际操作深层次的了解,因此"产品"(也就是职业院校培养出来的学生)的实用性不高;虽然具有较高的理论水平和一定的基本技能,但解决生产实际问题的能力较差。

2)所谓"企业培养模式",是指由企业组织进行的培训,企业根据实际需要制定培训计划、安排教学内容、聘任任课教师。这种方式将系统专业知识与岗位操作技能有机结合起来,并贯穿于整个培训体系中。企业培训模式固然有其实用性和针对性的优势,但由于缺乏师范类比较专业的师资队伍,学习时间又得不到充分的保证,对生产中的实际问题缺乏归纳和总结,从而制约和降低了培训效果。

3)所谓"校企分工合作培养模式",是指由学校和企业共同实施培养计划,实现资源共享、优势互补。有两种较为常见的做法:一是把学历教育与学分制结合在一起进行,二是把在职教育与对技能的培训和提升结合在一起进行。经过长期理论和实践的比较,越来越多的人推崇校企分工合作的培养模式。因为人才的培养有其自身的规律性和特征性,需要更高的操作技能训练。

在以上几种较为成熟的人才培养模式基础之上，为适应地方经济建设与社会发展，国家现在大力提倡素质培养，特别是提升高职院校的学生素养。在这一背景下，我们要普及"通识教育与专业教育并举，强化专业教育和实践能力培养"的人才培养模式，将培养德智体美全面发展、综合能力与素质高，且具有创新精神的应用型人才作为基本目标。

（4）高素质技术技能型人才使用内涵解析。所谓"高素质技术技能型人才的使用"，是指政府通过激励、社会保障和社会评价等管理环节，充分调动人才的积极性，发挥人才专业知识和专业技能作用，以最终达到工作目标的过程。"激励"，主要指通过工资晋升、职称评定和各种奖励等激发高素质技术技能型人才的工作积极性和创造性；"社会保障"主要指通过医疗保险、失业保险、养老保险等来解除高素质技术技能型人才的生活后顾之忧，以确保其全身心投入到工作中；"社会评价"主要指通过社会的"职业资格认证制度"确定高素质技术技能型人才的专业水准，为其在经济社会生活中作出准确的定位，以利于其顺利就业，充分实现自身价值。

（5）高素质技术技能型人才培养政策。高素质技术技能型人才培养政策指政府为规范发展职业教育和职业培训而发布实施的方针、规划、条例、办法和意见等。中央和地方政府现已发布实施的有关高素质技术技能型人才培养的政策颇为广泛，包括职业教育的规模、职业教育和职业培训的布局、职业院校的招生就业、职业教育的管理等。

（6）高素质技术技能型人才培养与使用的政府责任。

"政府责任"非常广泛，涉及政治、经济、文化、军事、外交等各个领域。在这里，我们所探讨的政府责任是指政府在高素质技术技能型人才培养与使用中所应承担的职责及所应完成的任务。

政府作为行使公共权力的主体机构，对高素质技术技能型人才的培养与使用承担着主导责任，政府可充分发挥公共服务的职能。具体到高素质技术技能型人才培养与使用方面来说，政府主要应承担如下责任：一是引导社会形成尊重高素质技术技能型人才的氛围；二是完善高素质技术技能型人才培养体系；三是建立高素质技术技能型人才的科学的社会评价和使用机制；四是健全高素质技术技能型人才的激励和保障措施；五是强化对高素质技术技能型人才培养与使用的公共财政投入。而所有这些责任的履行，都是通过政府制定的政策来实现的。所以此处的核心内容是围绕着高素质技术技能型人才培养与使用的政策展开的。

1）地方政府充当了双重主体。一方面，地方政府成为区域内制度变革的主体。在从计划经济向市场经济过渡的过程中，中央政府向地方政府合理地分权，使各地方政府有机会进行种种政策上的试验，从而更可能促进新制度的传播及政策的创新和吸纳；另一方面，地方政府成为区域性调控主体，由于各区域经济发展水平与市场发育程度并不一致，中央政府如果彻底地实行统一调控，不仅难度大，而且效果差，同时还会降低其权威性，所以应当充分考虑到地方政府的调控能力，发挥其在各自不同区域层面自主调控的必要性。

2）地方政府"扮演着"三种运行角色。第一，决策者。政府应该科学地进行决策，按照客观规律办事，保证其决策的科学性与有效性。第二，协调者。政府需要运用各种有效的政策手段，充分发挥企业、市场和社会的内在潜能，有效利用好各类资源。第三，监督者。政府应该是社会良好秩序的保障，对市场起监督作用，保持社会的良好运行。

2. 人才培养定位的目的和意义

受复杂社会因素的影响，高职教育人才培养的定位问题，一直是学界关注和探讨的问题。只有明确高职教育人才培养目标，确定人才培养规格，高职教育才能健康持续地发展，把学生培养成为适应社会发展的有用人才。

（1）影响高职教育人才培养定位的主要因素。高职教育人才培养定位的相关问题研究与社会大背景的不断变化和发展息息相关，市场对人才需求的变化会直接影响到高职教育人才培养的定位方向。

1）高职教育人才培养定位受到产业机构调整和技术结构变化带来的影响。企业结构的变化将导致职业岗位的内涵变化，从而导致高职教育所对应的专业发生变化。此外，职业岗位的技术含量及其他各项要求在逐渐提高，要求从业者具备多样能力，包含岗位的基本能力，而且还要具备创造能力与发展能力。

2）高职人才培养定位受到经济全球化的相关影响。由于生产力迅速发展，市场化程度不断扩大，国家、地区之间的合作不断加强，由此对人才培养的定位将会产生相应的影响。就高职教育来说，必须要迎接教育全球化的挑战，必须把目光放到世界高职教育发展的前沿，从而制定人才培养目标，明确人才培养规格，转变人才培养方式，加强与国际高职教育的交流与合作，推进国际人才输出与交流。

3）高职教育人才培养定位还受到了知识经济的影响。知识不断创新，新技术不断涌现，都催生着人们不断改变着自己的生产生活方式和思维方式。再加上传统就业岗位量在不断减少，新的职业岗位不断增加，社会职业岗位的结构呈现出多样化的发展趋势。因此，高职教育的使命已不应再单纯地被动适应人才市场的需要而培养大批的从业者，而应积极、主动地适应社会转型，培养大量的能够创造就业岗位的创业者。

4）高职教育人才培养定位受到了教育观念的影响。教育的普及和高等教育大众化程度的大幅度提高，教育观念发生了前所未有的变化，其中最重要的是人本思想的凸显和终身学习思想的提出。

综上所述，高职教育要跟随时代的变化进行相应的变化，不能一味坚持传统方式和方法。现在高职教育人才培养定位要既满足社会需要，满足人们一般生活需要，还要关注人的发展，培养其人格魅力与综合素养，实现其个性发展与全面提升。

（2）高等职业教育人才培养目标的定位。高等职业教育人才培养目标定位的依据可以从以下三个层面进行剖析。

1）关于类型的定位。高职教育人才培养目标是随着社会的发展而不断变化的，现在社会对于人才的需求已然呈现出高素质、多类别、多层次的特点，那么，高职教育对于人才培养目标的定位必然要随之变化。目前可以将人才培养的目标分为几个类别：第一类是需要少而精的从事尖端科学研究的学术型人才，一般是以"认识世界"为目的，对人类许多未知领域进行探索研究；第二类是指需要较多的应用型人才，主要是将知识转化为生产力，偏向于应用性研究，他们一般以"改造世界"为目的，担负着技术开发设计、规划、决策、领导改造自然或改造社会的工程；第三类是需要众多的实用型、操作型、技术应用型人才，他们一般是在生产或社会服务的一线，负责工程设计与方案的实施，能够专业化操作设备与管理；第四类是需要有一定文化素质且能掌握一技之长的技能型工人。就以上这些人才类别来看，对照社会需求进行研究，发现高职教育培养的人才主要是从事生产、建设、管理、服务一线的操作型、技术型和管理型的人才，高等职业技术教育是一种普及型的教育，是一种对大多数人的教育。

2）关于层次的定位。高等职业技术教育与一般普通高等教育不同，其突出特点表现为"职业和技术"教育，高职教育培养的是具有很强实践能力的操作型、实用型技术人才。在专业设置方面主要是针对职业岗位设置的，专业名称与职业岗位名称可以是一致的。在专业理论知识要求方面，以"必须、够用"为限，主要加大实践课程，通过实验、实训、实习、课程设计、毕业作业等诸多的实践环节，培养学生的动手能力和操作技能。当然，高职学生除了要求具备一般素质外，更加强调要具有较强的实践能力素质。当学生毕业后要马上能胜任手头的工作，这就要求学生具有较好的身体素质，能够为后期对偏重的操作性工作有较好的体能支撑；另外还要求学生具备良好的心理素质、职业道德素质，面对自己所从事的职业要自信和敬业。

3）关于角色的定位。高职教育要面向地区经济建设和社会发展，适应就业市场的实际需要，这就要求高职教育人才培养既要有针对性，也要有很强的适应性，要确定好其在整个社会中的角色定位。第一个定位是培养高级技术工人的摇篮，随着市场经济的发展和完善，企业对于高水平的技术工人要求越来越高，高职院校培养出来的学生是高级技术工人成长的主要群体之一。第二个定位是一线技术管理骨干，既要懂得一线的各项技术与操作技能，也要会进行管理与技术指导，是未来中坚力量的接班人。高职院校人才培养只有与社会需求接轨，才能有发展的空间。

综上所述，只有人才培养定位准确，课程设置才不会偏，培养学生的职业能力才不会偏，培养出来的学生才能满足社会需求，学生才能就业好，专业和学校的社会影响力才能逐步增强，招生的生源质量才会高，这样形成良性循环，专业和学校发展才会更好，老师的教学水平也会越来越高。因此，人才培养定位是否准确，是人才培养能否成功的前提和关键。

3. 人才培养定位的方法和途径

（1）组建由校企行业专家共同参与的专业建设委员会。组建专业建设委员会的初衷是希望通过成立本专业的专业建设指导委员会，聘请行业专家和企业一线技术人员等参与到专业建设中，为专业的改革、建设与发展提供全面的咨询与指导，包括专业设置评议，人才培养方案指导，专业建设指导、监督、管理，教师队伍建设指导，教学质量评价指导与监督，教学常规管理指导与监督，校内外实训基地建设指导与监管，社会服务能力提升指导，招生就业指导，开展现代学徒制的指导与监督等，从而全面提升专业教学水平与人才培养质量，培养与区域经济发展需求相适应的优秀的具有高素质的实用型技能人才。

一般情况下，专业建设指导委员会由行业专家、一线企业技术人员、校内外教师、学校领导、毕业生、在校生、信息技术人员、自由职业者等组成。其宗旨是充分调动学校现有教学资源及师资参与到专业建设中；认真引入行业专家和企业一线技术人员等，通过校外资源带动专业的综合性发展；通过深化校企合作，使本专业的人才培养更加符合本地或本区域的技能型人才培养需求，从而推动本区域相关产业的发展；通过本专业的建设，带动本专业相关专业群以及学校其他专业教学与社会服务能力的提升。专业建设委员会尽可能吸收企业专业技术人员、行业协会代表、有长期且丰富的行业及企业工作经验，特别是有过一线企业岗位工作经验，对职业教育有较深的认识，能够结合行业、企业需求来研讨专业建设要求的人员参加。

专业建设委员会一般具有以下职责：

1）指导专业设置。进行专业设置，提出专业调整的建议和意见，制定专业发展规划。

2）指导教学工作诊断与改进工作。科学制定实施规划、建立诊断标准与改进制度、搭建数据平台，依托信息化技术手段实现数据的监控预警。

3）指导、监督、管理专业建设。组织专业建设及其改革发展的战略研究。

4）指导人才培养方案的制定。以培养学生综合素质为目标，重点加强职业道德教育、职业技能训练和学习能力培养，指导人才培养方案的制定。

5）指导教师队伍建设。改善教师队伍结构，聘用有实践经验的行业专家、企业技术人员和社会能工巧匠等担任兼职教师。

6）指导并监督教学质量评价。以贡献和能力为依据，按照企业用人标准构建学校、专业、行业、企业、研究机构和其他社会组织等多方共同参与的评价机制，考核学生的突出技能，引导学生全面发展。

7）指导并监督教学常规管理。进行教学常规管理最优化的实践研究，优化管理制度，适应新环境要求，制定教学计划，管理教学过程，监控教学质量。

8）指导与监管校内外实训基地建设。分析校内外实训基地建设存在的问题及优势，建设校内外实训基地，探索校企合作的持续发展机制，主动寻求行业企业的支持，以服务求支持，以贡献求发展。

9）指导招生就业。为毕业生提供就业信息和有针对性的就业指导，扶持和引导自主创业的学生。

10）指导与监督现代学徒制的开展。分析现代学徒制的人才培养目标及实施思路，对现代学徒制的实践内容及其相关建议进行探讨，指导开展现代学徒制。

11）促进社会服务能力的提升。联办学历教育，开展专业技术教育服务，发挥职教作用，开展全方位的职业技能服务，加强学校社会培训工作，增强学校的主动性和自觉性，提高学校为经济社会发展服务的能力。

总之，建立专业建设委员会就是要为专业建设与发展服务，为了专业的发展能与企业行业发展保持一致方向，为了学生培养能跟得上社会发展与变化的步伐。

（2）落实"立德树人"根本任务。党的十八大以来，我国教育工作者一直将培育和践行社会主义核心价值观放在学校工作首位，并将德育细化为学生素养指标和学业质量指标，推动其进教材、进课堂、进头脑，以促进德育、智育的交融，取得了有目共睹的成绩。中央全面深化改革领导小组第三十五次会议审议通过《关于深化教育体制机制改革的意见》。此次会议要求，深化教育体制机制改革，要全面贯彻党的教育方针，坚持社会主义办学方向，全面落实立德树人根本任务，构建以社会主义核心价值观为引领的大中小幼一体化德育体系，注重培养学生终身学习发展、创新性思维、适应时代要求的关键能力。

立德树人，首先需塑造人格。在执行过程中，要将学生作为教学的中心角色，激发学生的主动性和积极性，然后再融入德育课程体系和相应的教材体系，不断更新与改革教育教学方式和方法，培育学生的价值导向和行为规范，将这些内容无声无息地润入学生的心灵，实现自然的升华，塑造出有品质的人格。

立德树人，还需要实践锻炼。学生们的实践锻炼一般来源于实践课程和实践活动，这就要求教师将课堂教学和社会实践进行紧密互动。在这个背景下，教师可以采取形式多样的志愿服务、力所能及的实践活动和和谐美好的校园文化来改善学生的思维，培育和践行社会主义核心价值观，由此使每个学生的个性和特长得以旎展，塑造学生的法治意识、科学精神、人文情怀。

培养德智体美全面发展的社会主义建设者和接班人，培养担当民族复兴大任的时代新人，是党的十九大提出的一项重大战略任务，是高校的重要使命。使命光荣、责任重大。要想完成这项使命，需要深入学习习近平新时代中国特色社会主义思想，落实高校立德树人根本任务，坚持内涵发展，不断探索新方式、搭建新平台，需要打赢国家优质高职院校建设攻坚战，加强师德师风和工作作风建设力度，实施思想政治工作质量提升工程，从而努力培养德才兼备、全面发展的人才。

（3）关注国家政策与产业发展趋势。随着经济全球化的加快和技术创新的深刻变化，国际竞争已逐渐转化为标准的竞争。特别是在高新技术产业，谁掌握了标准的话语权，谁就掌握了市场的主动权。企业行业的这些标准的制定大多依据国家政策而变，同时又引导着产业的发展趋势。高校作为人才培养的摇篮，势必要与国家政策保持一致，与产业发展趋势保持一致，不然培养出来的人才就会与社会脱轨。

（4）经常深入行业企业进行调研、分析，明确行业企业人才需求。经常深入企业行业开展调研，主要还是为了进一步深化课程改革，推进教学内容与教学方法、手段的改革，落实专业培养目标，全面提高人才培养质量，着力提高学生的实践能力、创造能力、就业能力和创业能力。培养适应从事电子信息技术领域需要的一线施工及管理工作的产业技术转型升级及企业技术创新需要，具备扎实的专业理论基础和专业技术能力，具有良好职业道德和可持续发展基础能力的技术技能型人才。

（5）收集招聘信息，分析人才需求。每个时期的招聘信息都能折射出当下社会的人才需求情况。对于企业来说，招聘只是业务部门认为解决问题的手段和途径，我们看到招聘需求时，第一反应应该是去探究业务部门提出招聘需求背后的诉求是什么，即招聘要解决什么问题，是去筹措资金、写代码还是去做行政管理工作等。对于高校来说，了解了企业的岗位诉求之后，就大致了解了市场问题所在，那么在制定人才培养方案时，就能够根据市场问题，找到解决问题的方法，再根据这些方法定位到人才培养需求方面，这样便能够实现人才与市场相匹配了。

（6）请典型企业专家参与人才培养定位。要知道，教师长期都扎根在学校开展教学教研工作，参与社会实践的机会相当少，对于社会形势与政策的了解方面，不如企业专家。并且，企业专家熟知行业发展现状，能匹配职业的技能人才需求，知晓同类高职院校本专业办学情况和本专业毕业生就业发展方向，能够协助教师们科学定位本专业人才培养方向和人才培养层次，为下一步开展专业一体化课程建设与教学改革，构建校企联合人才培养模式确定正确的方向。

（7）分析国内兄弟院校相同或相近专业的人才培养定位情况。分析国内兄弟院校开设相同或相近专业的人才培养定位情况可以帮助我们保持清醒的头脑，理性分析本校的实际情况。兄弟院校如果有做得好的，我们应当汲取有效经验和措施。对于学校专业和人才培养定位来说，同行之间的经验需要着重看待，这样可以避免走许多弯路。

（8）时常回访本专业毕业的典型毕业生和用人单位。

1）时常回访毕业生，可以了解我校毕业生的就业状况，在工作中遇到的问题，以及他们对我校教育教学环境、专业课程设置和建设、教育教学内容、教学资源、教学方式以及管理服务等方面的意见和建议，为我校教学评价和改革提供参考依据。

2）时常回访用人单位，可以了解用人单位对我校毕业生的思想品德、专业知识、业务能力和工作业绩等方面的总体评价和要求，以此作为我们制定人才培养方案的参考资料。

（9）及时不断优化调整。对于人才培养，各行业有各自的具体要求，总体是以德、智、体、美、劳全面发展为宗旨。对于企业来说，人才培养是多层次的，且与市场结构有着密切的联系。不论是教育的外部关系，还是教育的内部关系，都将会与社会发展相适应。既然社会在不断发展变化，那么人才培养方案必定也要跟随社会发展的步伐，不断优化和调整。

4. 高素质技术技能型人才的培养目标

（1）具有够用的专业基础知识。高职教育培养的是具有专门知识和技能且毕业后马上就可以上手就业的高级实用型、操作型人才，对学生的专业基础知识方面的要求以够用为度，重点是使学生掌握学科基本原理、基本概念和基本理论框架，对高职学院学生的专业基础知识要求更多地是"知其然"而不太去深究"所以然",更多地是要把专业知识用于解决实际中的问题,而不是停留在理论的探究上,是以满足职业岗位群所必需的专业理论知识为限。专业理论不一定很深,但知识面要广,要满足形成本专业技术需要,以适应现场多样化、多变化的工作。

(2) 具有勤于动手和善于动手的实践素质。高职教育最大的一个特点便是实践素质强。实践素质主要是指学生的动手能力、解决实际问题的能力和掌握职业技术的能力。培养学生的实践素质可以从以下几点着手。

1) 通过反复强化使学生获得较强的动手能力,组织学生参加国家劳动与保障部门举办的职业技能等级鉴定,取得国家颁发、社会承认的高级工等级证书。

2) 可以从培养学生正确的劳动观念入手,帮助学生养成善于和乐于动手的习惯。

3) 着重培养学生对实践经验进行积累的习惯,使其丰富自己的实践经验,提高解决技术难题的能力。

(3) 具有较强的职业素质。所谓职业素质,就是有较高的职业道德修养、较强的职业责任感、较高的职业成就感以及敬业精神。那么如何提高学生的职业素质呢?总体有以下两个思路。

1) 使学生熟悉本行业的行规,形成良好的职业习惯,忠于职守,尽职尽责。学校针对不同专业和将来学生从事的职业,进行不同类别和职业的道德教育,并且把这些要求贯穿在职业实践课中,使学生形成良好的职业道德感。

2) 培养学生较强的职业责任感和职业成就感,教导学生热爱自己将来所从事的职业,感悟"职业不仅是我的生存基础,还是我作出成绩、实现人生价值的平台"。

(4) 具有适应艰苦职业劳动的身体素质和心理素质。由于一线职业劳动较为艰苦,这就要求学生必须要具有健康的体魄,还要有良好的体能素质。技术型、操作型的人才往往会面临一些体力劳动,要能"抓得起""扛得住""干得动",所以要在平时加大学生体能和耐力训练,使其具备 "吃苦、耐劳" 的身体素质。同时还要加强学生心理承受能力训练和意志品质的锻炼。

（5）具有适应未来岗位发展变化所需要的综合素质。高职教育人才培养除了满足以上这些能力和素质要求以外，还要跟上时代变化和市场变迁，这才是学生未来生存发展的方向。要想使培养出来的学生能适应未来职业的变化，那么就需要着眼于培养学生适应岗位发展变化所需要的综合素质。这项综合素质包含知识方面，也包含技术方面，还包含能力方面和素质方面。在知识方面不仅要具有适应现存岗位的专业技术知识和操作性知识，而且还需要将来继续深造的数学、外语、计算机等工具性知识和适应科学技术进步、产业结构调整、技术结构提升所需的相关专业知识、行业知识和产业知识。在能力方面不仅要具有现场技术操作能力、组织协调能力，而且要具有转岗转业所需要的独立学习能力、社会交往能力和创新创业能力。在个人素质方面不仅要具备一般的思想道德修养和职业道德素质，而且还应具有促成事业成功的诚实守信、艰苦创业、敢于创新的人格素质。只有具备复合知识结构、综合能力结构和较高的人格素质，才能适应未来岗位发展需要。

第三节　"多元协同、德技并修、工学结合"人才培养模式

"多元协同、德技并修、工学结合"人才培养模式从思想层面到教育理念，再到实践方法多个角度诠释了人才培养全过程中涉及的方方面面，可以作为教师的自查标准，也可以作为学生的学习目标，同时还可以作为企业的思想引领。

1. 多元协同

（1）多元协同的概念。1971 年，德国物理学家赫尔曼·哈肯提出了协同的概念，其在 1976 年系统地论述了协同理论，并发表了《协同学导论》等著作。协同论认为整个环境中的各个系统间存在着相互影响而又相互合作的关系。

高职院校教育工作是一个涉及多个子系统的复杂系统，一个和谐的高职院校教育工作系统应该是各子系统之间相互联系、相互配合、互为补充的有机整体。

鉴于此，将协同理论引入高校新生教育研究不失为一个新的理论视角，对于高职院校教育理论的发展以及高职院校效果的提升会起到积极的促进作用。

根据协同理论，综合已有的研究成果，本书对高校构建多元协同型高职教育模式的核心内涵进行如下描述：该模式以提升高职院校教育的效果与学生的获得感为整体目标，通过高职教育各参与主体、各子系统之间的多角度、多途径的协同作用，使得高职院校教育的目标、主体、客体、内容、载体、途径、效果、评价等各要素有机统一、有效衔接、功能互补、形成合力。

（2）构建多元协同型高职教育模式的路径与策略。基于多元协同的视角，高职院校在教育工作中可以加强顶层设计，并着力推进以下五个方面的协同。

第一，以更新教育理念为先导，推进高职教育目标体系的同向协同。

高校坚持"以学生为本"的工作理念，可以把学生教育的总目标分解为若干个分目标，并建立分目标之间的有机联系，从而形成学生教育目标的同向协同效应。高职学生教育工作的总目标可表述为"引导、帮助学生适应并融入大学生活，逐步学习专业技能，提升自我素质，努力发展自我"，具体包含五个层面的分目标：第一层面为适应性目标，即帮助学生适应大学的学习生活，全面了解大学的教育体系与发展要求；第二层面为融入性目标，即帮助学生尽快融入大学生活，明确学习目标与发展方向；第三层面为发展性目标，即引导学生逐步学会学习、学会合作、学会做事、学会做人，为其顺利完成大学学业及未来的成长发展奠定坚实基础；第四层面为技术技能学习目标，以市场需求为导向，淬炼自身技术技能水平与能力，拥有职业技能；第五层面是素质拓展目标，学生在拥有技术技能的同时，还要提升自我素养，不断发展自我。

第二，以学生发展需求为立足点，推进高职教育内容体系的贯通协同。

根据学生教育的目标体系，高校可对教育内容进行模块化的设计。每个模块可以设置相对应的目标，整个目标体系中，包含以下几个核心内容：大学学习生活的适应性教育、专业意识教育、人际关系与心理健康教育、职业生涯规划教育、素质拓展教育、专业技能教育、职业素养教育等。针对以上教学目标，可以分别设置出每一学期的教育内容：第一学期是以"适应与融入"为主线，合理安排大学环境适应、生活适应、学习适应、心理适应、人际关系适应等为主要教育内容；第二学期以"成长与发展"为主题，以职业生涯规划教育、素质拓展教育为重点，帮助新生进一步明确成长发展目标，为整个大学阶段打好基础；第三学期以技术技能基础为核心，培养学生专业领域的基础技能；第四学期以核心技术技能学习为目标，锻炼学生的技术技能水平与能力，达到市场的标准；第五学期以职业素养全面提升为主要任务，帮助学生面对职业生涯的各种困难和挑战，全面提升学生的职业素养与技术技能，为最后一学期的顶岗实习做好充分准备；第六学期，也是高职教育的最后一个学期，该学期的核心任务便是顶岗实习，学生将会到生产一线或者企业中进行实践，这一环节是检验教育成果的重要环节，能体现出学生的学习质量与水平。

第三，从全方位育人角度出发，推进新生教育载体之间的互补协同。

高校在构建"多元协同型"教育模式过程中，要站在全方位育人的视角寻找重要的载体，通常情况下可以将教室内外课堂放到一个重要位置，将教育与其联系在一起，构建出一个立体化、全方位的教育载体体系。通常我们会结合学生在校期间的各方面表现和行为轨迹来划分课堂教育，一般分为教室里的课堂、校园内的课堂、社会上的课堂和网络上的课堂。

在教室里的课堂，教育一般要靠专业教育教学、学生自主学习、辅导员或班主任组织讨论、学分认证考核等模式开展相关活动，主要目标便是引导学生掌握大学学习方法，建构适合自己的学习模式，培养自主学习能力。

校园里的课堂，主要是指学生社团、组织等方面对学生的教育。一般高校会要求在校学生至少要参加 1~2 个学生组织或社团作为大一学年的实践学分予以考核，除此之外，许多高校还会设置社区教育，以宿舍划分为若干区域，根据学生比例为每个区域配备"生活导师"，由高年级优秀本科生或研究生担任，引导和帮助新生融入社区环境，养成良好的生活行为习惯，以此形成一种老生带新生的帮扶机制。

社会课堂在某种程度上可以对标学校的社会实践活动,在高职院校每年都会组织学生前往企业、社区开展社会实践活动,这个可以将学习与社会服务有机结合,是教师、学生、社区共同参与的一种经验性学习。与周边社区、单位合作共建社会实践基地,定期组织学生到基地参与各种社会服务,能够很好地培养学生的社会责任感。

在信息化时代,也不能忽略网络课堂。我们可以通过开通学生教育专题网站、手机 APP、微信公众号等渠道,开展学生适应性教育的网络进阶式课程体系建设,对于达到考核要求的学生给予相应的学分认证;组织相关教师、管理人员通过网站留言板、线上与线下辅导相结合等方式,及时为学生答疑解惑;在社会核心价值观的教育方面,则可以由辅导员或者班主任在网络上定期开展相关活动,组织学生讨论,加强学生对价值的认知,培育学生的人生观、价值观等。

第四,以构建全员育人体系为重点,推进学生教育主体的有机协同。

从教育主体的宏观层面来看,需要学校、社会、家庭等相关力量的共同参与、相互配合;从中观层面来看,学校应健全由校领导牵头、相关职能部门参与、各二级院系具体实施的教育组织运行体系;从微观层面来看,辅导员、班主任、专业教师、院(系)党政干部是实施教育的主体力量。同时,还要根据学生成长发展的多元化需求,吸收优秀学长(朋辈导师)、杰出校友、业界专业人士、学生家长等多方力量的参与,形成协同效应与工作合力。在教育主体的有机协同方面,高校应搭建校内外协同参与的两个平台。一是成立教育工作领导小组,构建相关部门协同参与的工作平台。在学校层面,高校可建立学生教育工作联席会制度,由主管校领导牵头、相关职能部门与各二级学院负责人参加,负责学生教育工作方案的研究制定、全校性教育活动的统筹安排、部门间工作的协调开展等;在二级学院层面,成立教育工作小组,由学院党政领导、系主任、班主任、辅导员等参加,负责学院层面学生教育活动的组织开展。二是搭建家庭、社会与学校的信息沟通及联动协作平台,以学生的健康成长成才为着力点,引导社会力量的积极参与,充分利用学生家庭资源、校友资源、企业资源和社会组织资源,开展丰富多样的教育活动，形成教育的校内外合力。

第五，以优化工作机制为切入点，推进高职教育评价与改进体系的有效协同。

高校应强化"调查—实施—反馈—评估—改进"工作机制，这一机制的建立，对于高校及时了解、掌握学生动态，把握教育过程、调整教育方案、实现教育目标有着重要的意义。

一是建立学生调查工作机制。以新生为例，在美国，新生调查是高校开展学生教育必经的步骤。我们可借鉴相关做法，组织开展相应的新生调查，如开展"新生入学前调查"，对新生的家庭情况、中学情况、性格兴趣爱好及新生对大学生活的期待等进行了解，以便制定相应的学生教育方案；在新生入学一个学期后开展"新生适应情况调查"，了解新生入学后的适应情况、对大学的满意度等。

二是建立学生信息反馈工作机制。同样以新生为例，高校可通过"新生教育反馈调查""新生教育实效性调查""新生教育满意度调查"来获取新生的信息反馈和需求，并据此对工作作出科学合理的规划和调整，使得教育更加贴近学生的发展需求。

三是建立学生教育工作的考核评估机制。首先，加强对参与教育的相关部门、人员的过程监控和考核评估，以考核评估结果推进学生教育的改进，对工作成效显著的部门、人员给予奖励表彰；其次，运用定性与定量相结合的方式，通过问卷调查、个案访谈等方式，对学生教育开展情况及其实施效果进行评估，高校可根据评估反馈情况，适时调整教育的内容和方式，逐步构建主体多元、过程完整、环节衔接的教育调适体系，不断提升工作的针对性、实效性。

2. 德技并修

职业教育作为一种教育类型，其培养目标是生产一线的技术技能型人才。当前，我国职业教育理论工作者和职业院校都对落实"德技并修"的育人机制予以了充分重视，以求人才培养更有针对性、实效性。

《国家职业教育改革实施方案》中强调职业教育要"落实立德树人根本任务，

健全德技并修、工学结合的育人机制，完善评价机制，规范人才培养过程"。

社会调查显示，职业院校的学生来源大多都是一般家庭。超过60%职业院校的学生家庭月收入在5000元以下，且这些学生大多中考、高考成绩不理想，有相当一部分学生心理上存在这样或那样的问题。从某种程度上来看，职业院校的孩子培养得好不好，将会影响我国教育公平的有效推进，且对于提升我国产业生力军的质量和推动我国经济高质量发展具有特殊重要的意义。

要想把职业院校的孩子培养好，需要从品德和技术技能方面去思考。职业教育领域落实"立德树人"的根本任务，就是要培养学生"德技并修"。在教育过程中，需要做到以下几点。

（1）强化"德技并修"人才的培养意识，就是要在坚定理想信念、厚植爱国主义情怀、加强品德修养、增长知识见识、培养奋斗精神、增强综合素质上下功夫，使学生具备政治认同、职业精神、法治意识、健全人格和公共参与等方面的核心政治素养，同时，又具备较高的技术技能水平，成为有理想、有本领、有担当的人才，成为能够担当民族伟大复兴重任的时代新人。

（2）完善"德技并修"人才的培养体系。在教育教学过程中，既要发挥德育课、思想政治课在学生思想道德培养过程中的主渠道作用，也要注重挖掘语文、历史、音乐、体育等其他公共基础课的德育要素；既要发挥专业课、实习实训课在学生技术技能培养中的主阵地作用，也要注重培育学生的职业意识、职业精神；既要发挥全体教师育人主力军作用，也要注重具有职业教育特色的校园文化在育人方面的"春风化雨"作用；既要发挥校规、校纪在学生管理过程中的刚性约束作用，也要调动学生在自我管理方面的积极性、主动性、创造性。总之，通过打造"德技并修"的培养体系，使学生成为德才兼备的新时代劳动者，为民族复兴大业的实现输送源源不断的高素质产业大军。

（3）健全"德技并修"人才的协同机制。职业院校要积极探索产教融合、校企合作、工学结合、知行合一的"德技并修"办学模式，联合行业、企业，打造共同育人的命运共同体，把立德树人融入"做中学，学中做"，着力培养劳模精神和工匠精神，提高学生的就业创业能力。积极探索学校、家庭、政府、企业、社区等共同参与的德育协同创新合力育人机制，不断提升人才培养质量。

3. 工学结合

工学结合是一种将学习与工作相结合的教育模式，形式多种多样。其教学模式常见有以下几种形式：一是将一年划分为三个学期，期间工作与学习交替进行；二是以一个星期为单位进行时间划分，一半时间学习一半时间工作；三是以每天为单位进行时间划分，半天学习半天工作等。无论是什么形式，其共同点是学生在校期间不仅学习而且工作。这里的工作是指与普通职业人一样的有报酬的工作，因为只有这样，学生才能真正融入到社会中得到锻炼。学生的工作作为学校专业培养计划的一部分，除了接受企业的常规管理外，学校有严格的过程管理和考核，并给予相应学分。

工学结合教育模式由来已久，最早可以追溯到英国桑得兰德技术学院（Sundert and Technical College）工程系和土木建筑系于1903年开始实施的"三明治"教育模式（Sandwich Education）。1906年，美国俄亥俄州辛辛那提大学（University of Cincinnati）开始实施与英国基本相同的工学结合教育模式，并称之"合作教育"（Cooperative Education）。1983年世界合作教育协会（World Association for Cooperative Education）在美国成立，总部设在美国马萨诸塞州波士顿的东北大学（Northeastern University），协会成员来自40多个国家，每年召开一次国际性会议，影响越来越大。目前，发达国家工学结合教育模式发展的重点是跨国安排学生的工作实践，以达到教育国际化的目的。2000年协会理事会经讨论决定，将合作教育改为"与工作相结合的学习"（Work-integrated Learning），以进一步从名称上凸显工学结合的基本特征，便于理解。

工学结合人才培养模式是适应社会高速发展的一种新型的人才培养模式，能够满足社会对应用型人才、复合型人才的需求。高职院校是培养应用型人才的主要阵地。在高职院校中实施工学结合人才培养模式，能够促进教与学的良性循环，提高大学生适应社会的能力，为其他类型院校提供借鉴，改善教学整体格局。高职院校应通过校企结合，形成长期的合作教学机制，应开展假期实习，促使大学生将所学知识内化为实践常识。

第四节　全面加强师资队伍建设

随着我国教育制度的完善，对于学生的教育保障程度也越来越高，因此对于教师的综合素质也提出了新的要求，要求教师不仅要具备较高的专业文化素质，还要提高教学质量。但是目前我国高校的师资力量比较缺乏，教师的科学文化素质水平还比较低，无法满足当前教育的需求，所以建设一支高素质、高水平的师资队伍是当前高校发展急需解决的问题。

职业教育肩负着"传承技术技能、培养多样化人才"的职能，帮助学生掌握一技之长，实现更高质量、更充分的就业创业，这是职业教育的核心任务之一，即应和型院校已成为高素质技术技能型人才的培养培训基地。职业教育的核心任务之二是技术服务创新，应用型院校要集中力量建设技术技能创新服务平台。实现以上两个核心任务，教师很关键。我们要多措并举打造"双师型"教师队伍，落实教师全员轮训制度，探索建立分层分类的教师专业标准体系，使得职业教育的教师具备能帮助毕业生高薪就业的职业技能，帮助他们成为社会合格的技术技能型人才，满足行业需要、推动产业转型升级、推进新时代经济社会发展。鉴于此，我们认为，要想全面加强高职院校师资队伍建设，需要从以下几个方面着手。

1. 建立分层分类的教师专业标准体系

（1）根据教师来源、从事的具体工作和自身特长及优势对教师进行分类。一般情况下，高职院校教师分为教学型教师、教学科研型教师和科研型教师。

1）教学型教师主要是指能够在自己所教专业中起到带头作用，能够对教学目的、教学内容、教学方法、教学过程等进行精准审计，对课程开发、专业建设、教学改革有深刻见解，善于参加教学能力大赛，教学成果突出的教师。

2）教学科研型教师是指能够在满足日常教学工作一定比例的工作量的同时，善于将教学实践提炼为理论成果的综合性教师，可以指导学生实训、技能大赛、科技创新等项目。

3）科研型教师是指能够在满足日常教学工作的同时，善于在自己所从事的专业领域中开展科学研究，在申报课题、撰写高水平论文、申请专利等方面有较强能力，科研成果突出，且研究成果的社会采纳度较高的教师。

以上三种教师分类方式可以供高职院校参考借鉴。明确教师分类可以促进高职院校教师的专业成长，从而有效推动高职院校教学水平的提高。

（2）教师的成长和发展除了依靠教师的个人努力，还需要良好的发展平台和专业的培养过程。在对高职院校教师进行科学分类的前提下，学校要针对教师的不同类型开展对教师的针对性培养，在保证其自身优势的同时全方位发展。

1）对教学型教师的培养。学校要为这类教师创设各种发展的平台，如安排其每年去企业进行实践、参加"双师型"教师培训，鼓励教师撰写论文、申报教育科研课题等。

2）对教学科研型教师的培养。这类教师主要培养的方向应当是其教学能力，然后辅以科研能力的培养。因此，学校可以定期组织教师参加公开课和示范课活动，为他们提供更多借鉴教学方式的机会，还可以对这类教师的理论学习过程进行量化管理，如要求教师集中学习或分散学习相关的教育理论书籍，定期考察，以保证这类教师在理论及实践两个方面有长足发展。

3）对科研型教师的培养。学校可以教师专业能力的提高和拓展为主要方向，如组织针对这类教师的专业培训，开展教师专业教学技能大赛，为他们安排青年教师培训等。

（3）教师能力评价是教师培养效果的重要保障。因此，针对不同的教师类别，学校应当为其量身定制不同的评价考核细则，以此巩固和督促教师的专业能力发展。高职院校教学的根本目的是培养学生的专业技能，提高学生的就业成功率。

因此，在制定评价细则时，学校也应当将考查的侧重点放在学生专业能力的发展和提高这方面。首先，学校应制定详细的教师工作量化考核方案，对教师的上课情况、批改作业情况、学生课堂反馈效果等作出相应的要求。其次，学校应当为不同类型的教师规定针对性的评价方案，如对教学型教师，学校可以对其完成教学资源的数量、学生评教的具体等级作出规定；对科研型教师，学校可以对其科研团队建设、指导青年教师科研工作的次数及效果作出规定；对教学科研型教师，学校可以对教师带领学生完成实训课程的次数及效果作出规定。结合以上评价方式，教师的专业发展会更加有动力。

2. 联合行业企业培养高层次"双师型"教师

《中共中央国务院关于全面深化新时代教师队伍建设改革的意见》决策提到，要联合校企开展"双师型"教师队伍建设的工作。《国务院关于印发国家职业教育改革实施方案的通知》要求打造"双师型"教师队伍。教育部教师工作司副司长黄伟对"双师型"教师队伍建设提到了四个方面的考虑，即完善"双师型"特色教师队伍建设制度、建设引领教学模式改革的教师创新团队、聚焦"1+X"证书制度开展教师全员培训和建设校企人员双向交流协作共同体。可见，高职"双师型"教师队伍建设的重要性和必要性不可小觑，是高职院校重点推进的一项重要工作。

（1）联合行业企业培养高层次"双师型"教师的主要途径。

1）实施教师企业实践锻炼。根据师资队伍建设规划和年度计划，定期选派专业教师到企业一线实践锻炼，掌握专业领域先进生产、管理、技术、工艺流程，提升专业实践教学有效性。

2）产学研合作培养。鼓励专业教师积极参与企业技术创新工作，并积极将主持（或主要参与）的应用技术研究型科研项目成果应用于合作企业的生产实践中，使之产生实际效益。

3）充分利用学校已有的资源对教师进行"双师素质"培养。专业教师必须积极承担专业实践教学任务，参与校内实训基地建设，积极参与指导学生职业技能竞赛。

4）企业拜师。鼓励学校副高级职称以下专业教师拜企业专家、业务骨干、技术能手为师，通过传、帮、带的方式，提高教师专业实践能力和技术推广与应用开发能力。

5）适度引进。在培养现有师资队伍的基础上，重视引进企业生产、管理一线既有工作实践经验，又有较为扎实理论基础的高级技术人员、管理人员充实到专、兼职教师队伍中。

6）考察访问。组织教师参与学校之间、区域之间、国际间的考察访问，进一步拓展视野，了解、吸收行业的最新技术。

7）学校在针对教师进行企业联合培养的同时，除了鼓励教师参加培训及进行行业锻炼，还可以在教师中实行导师制，以老带新促使带教法、带科研的开展，由专业领域资深教师带着年轻教师奋进，是体现专业帮扶成长的最佳方式之一，也是最见成效的路径之一。

（2）联合行业企业培养高层次"双师型"教师的主要举措。

1）加大教师企业实践锻炼的激励措施。按照鼓励教师企业轮岗的指导思想，不断健全有关教师企业轮岗工程管理办法，强化教师企业轮岗的管理与考核，提高教师企业轮岗待遇。

2）建立专业教师紧密联系企业专家制度。每位专业教师至少联系一名专业对应的行业企业专家、业务骨干、技术能手，帮助教师提高自身的实践教学、技术服务与开发应用能力，为学生教授实践课程。

3）强化"双师素质"在职称评审中的条件设置。修订职称评审文件，进一步刚性规定教师职称评审需 6 个月企业经历要求，明确教师去企业的申请表及在企业期间的考核表等证明材料，只有经系部和组织人事处备案才能作为有效证明。加强"双师素质"激励引导政策。通过学院岗位聘任与绩效工资改革，在方案中将专业教师"双师素质"作为一个重要指标进行考量，与教师切身利益进行关联。

4）建立健全兼职教师聘任与管理制度。在认真梳理现有合作企业和兼职教师队伍基础上，按照专业群建设的思路，建立健全兼职教师聘任与管理制度，形成一支相对稳定、能够满足人才培养与地方服务需要的高素质的兼职教师队伍。

"双师型"教师队伍是职业教育发展的关键，同时也是难点。在"双师型"教师队伍建设上，虽然国家层面出台了相关政策保障其良性发展，鼓励并支持校企联合培养"双师型"教师，但是在实际过程中凸显出来的问题也颇多，如企业参与的积极性不高、政策和经济保障力度不够、教师自身缺乏足够的认识等，所以需要增强"双师型"教师校企合作培养的共赢意识，企业能够为学校教师提供操作实践进修的机会和环境，学校可以为企业提供师资力量、设施及各类教育资源。加快制定其专业标准、管理制度、配套制度、激励政策等，加强顶层设计，逐步完善健全"双师型"教师政策体系。

3. 打造高水平结构化教师教学创新团队

（1）教师教学创新团队建设的基本原则。

1）团队成员组成需要依托共同的基础。成员们通常应该具有共同的学科背景、专业知识或者共同的技术基础，整个团队在课程建设、技术研发、实训基地建设、人才培养等方面能充分进行资源共享。

2）覆盖范围应该围绕专业群。专业群相比专业能更加灵活地适应产业变化的客观要求。教师教学创新团队围绕专业群构建，能在人才培养模式改革、课程体系建设、课堂教学改革等方面提供有力的人才支撑。

3）核心内容应该以课程为纽带。高职院校教师教学创新团队建设应该以专业课程为纽带，引入行业企业优质资源，选聘企业高级技术人员参与课程资源开发。依照技术领域与岗位要求，改革教学内容，研究制定专业能力模块化课程设置方案，实现课程结构再造，教学流程重构。学校教师、企业人才分别担任同一课程的理论教学、实践教学环节的不同模块，实现课程的可分割性。

4）创新着眼点应面向市场需求。教师教学创新团队实现高职专任教师和企业人才的优势互补，是生产与教学融合的执行者。团队建设应瞄准市场需求，加强应用技术研究，承接企业重大科技或技术攻关项目；通过参与企业产品研发和专利转化两种方式与企业进行项目合作，实现科技成果向现实生产力的转化。

（2）教师教学创新团队建设的基本路径。

1）健全团队建设制度体系，从国家到地方，再到学校层面，都要围绕教师教学创新团队建设建立完整的制度体系，从团队的目标任务、准入标准、遴选机制、主要职责、保障措施等方面进行界定，实现团队合作效益的最大化。

2）提升团队成员素养。首先，高职院校可以依托教师发展中心，按照"短小精专"原则，开展团队成员专业化培训，提升再教育培训效果；其次，支持教师到企业实践、挂职锻炼等，提升教师实践技能；最后，可以围绕课程开发模块对教师进行开发能力锻炼和团队协作能力提升。

3）建立校企合作共育机制。首先是学校结合教学创新团队建设要求，遴选推荐专业技术水平高、研发能力强、富有团队精神的骨干教师到企业，受聘为企业技术负责人、部门领导等，兼职承担具体企业技术研发、管理工作，满足企业技术革新、经营管理等需要。其次是企业根据技能人才培养需要，遴选推荐业务素质好、表达能力强、经验丰富的技能人才、技术骨干到校兼职，受聘为学校产业教授、专业带头人、实训指导师等。按照企业人才类型，设置"固定岗+流动岗"资源配置新机制，可柔性引进企业专家和技术骨干为相对固定岗位人员。也可采取短期来校、定期服务的形式使其参与人才培养、产学研合作、学生实习实训等工作。最后是依托"双师"培训基地开展双向认证工作，企业专家和技术骨干对学校专任教师进行新技术应用能力培训，使其取得与受聘岗位相适应的职业资格证书；同时学校对企业兼职教师进行教学理论和技能培训，使其取得高职院校教师资格证书。

4）推进团队进行教学改革。高职院校教师教学创新团队建设的目标是努力培养高素质技术技能型人才，这就要求教学创新团队成员全面深度合作，以学生为中心，把提高复合型人才培养质量作为团队共同的目标，促进"校企双元"育人，建立德技并修、工学结合的育人模式。

5）建立团队建设考评体系。评价指标的设计应体现过程性、层次性、可操作性等特点，突出团队成果产出导向，把考核一级指标中的"团队业绩"作为重点参数，再分解为教学改革、教学成果、质量评价、社会服务等二级指标。

4. 深化突出"双师型"导向的教师考核评价改革

国家尚未出台高等学校"双师型"教师认定标准。"教师的双师双能，一般意义上是指教师既拥有丰富的专业理论知识又是行业公认专才，既具备相应的理论教学能力又具备充分的实践教学能力。"结合高校实际，高校"双师型"教师的核心内涵如下所述。

（1）双证书：高校职称证书+其他相应职称（或执业资格）证书。双证书是界定"双师型"教师的通用指标。具备高校教师资格，是高校专任教师从事教学工作的准入门槛条件。高校教师资格证书确保教师掌握最基本的教学理念和方法，具备最基本的教育教学能力。高校专任教师绝大部分都具备高校教师资格，职称主要都以高教系列职称为主。此外，须同时具有自然科学、工程、实验、农业、卫生、经济、会计、统计、船舶、民用航空等技术系列的各类中高级工程师、实验员、农艺师、经济师、会计师、统计师等职称，或者相应执业（从业）资格证书。

（2）双经历：高校+行业、企业双经历。双经历是学术界公认的界定"双师型"教师的第二大指标。对高校教师和企业行业人才，双经历的要求各有侧重点：对于高校教师而言，需同时具备一定时限的行业或企业挂职锻炼、学习、参与企业生产及技术研发的经历，或者具备高教系列以外的职称或技能；对于来自企业的兼职教师而言，必须具备在高校从事实践教学、参与高校科研或者高校管理的经历。

（3）双来源：高校教师+行业、企业教师。从"双师型"教师队伍的教师来源和结构角度来看，"双师型"教师队伍必须由高校教师和来自企业、行业、应用技术研究的高技能人才共同组成。对于高校而言，具有行业、企业背景和技能的外聘（兼职）教师的比例，是衡量一所高校"双师型"教师队伍水平的重要指标。《滇西应用技术大学试点方案》中提到："来自行业、企业及科研院所兼职教师人数应不低于学校教师总人数的1/4。"

（4）双能力：理论教学能力和实践能力。双证（双职称）不等于高校教师具备双师型教师所要求的双重能力，双经历也不等同于教师具备"双素质"。因此，双证书、双经历、双来源只是"双师型"教师素能的外在表现形式，双能力才是双师型教师素能的精髓和落脚点。双能力意味着教师不但有普通高校教师普遍具备的实施课堂教学、理论教学，指导学生进行科学研究的能力，还具备实践教学、技术技能教学以及开展应用技术研发、推进成果转化的能力。高校双师双能型教师的核心内涵在于双证书、双经历、双来源基础上的"双素质""双能力"。

综上，高校"双师型"教师的核心内涵决定了"双师型"导向的教师考核评价改革方向，教师考核评价要紧密结合"双师型"教师的核心内涵，有针对性地列出具体考核指标，便于教师们有方向有目标地开展工作与提升个人能力。

5. 加强党对教师队伍建设的全面领导

就党和国家的长远发展战略意义而言，教师队伍的工作质量影响着国家现代化发展的建设力量，甚至直接影响着中国特色社会主义建设事业的发展。因此，加强党对教师队伍建设的全面领导是教师队伍建设方向正确的根本保证。通过党的领导可以保证教师正确的政治方向与政治原则，促进教师在教育过程中自觉与党的教育路线、方针和政策保持高度一致，进而塑造学生精魂与保证教育指向。具体而言，加强教师队伍的党建引领，一是要强化党对教师队伍的意识形态领导，通过教师党组织的持续建设，引导教师在理想信念、价值理念与道德观念方面符合党和国家的发展需要，让十九大报告中提出的"四个服务"真正成为教师的行动指南；二是以《国务院关于全面深化新时代教师队伍建设改革的意见》为政策依据，深化教师管理综合改革，实践"坚持党管干部、党管人才，坚持依法治教、依法执教，坚持严格管理监督与激励关怀相结合"的基本原则，保证教师队伍建设正确的政治方向。

第五节 课程体系构建与课程建设

1. 课程体系构建与课程设置的思路

以产业岗位群所需人才的职业素质和职业技能为牵引，按"大类招生、模块教学、方向培养、需求导向"原则，重点对接行业职业资格证书，调研专业群面向的产业岗位群对人才的能力要求，对岗位素质能力、岗位基础能力、岗位核心能力和岗位拓展能力进行分析，将岗位能力元素融入专业模块课程中，依据学科和职业相关性原则，最终形成"公共素质模块""专业素质模块""专业特性模块""专业复合模块"和"专业拓展模块"专业群课程，按"通专结合"和"大类专业进，小专业出"的原则，实施专业课程模块多元互选、书证融通机制，如下图所示。

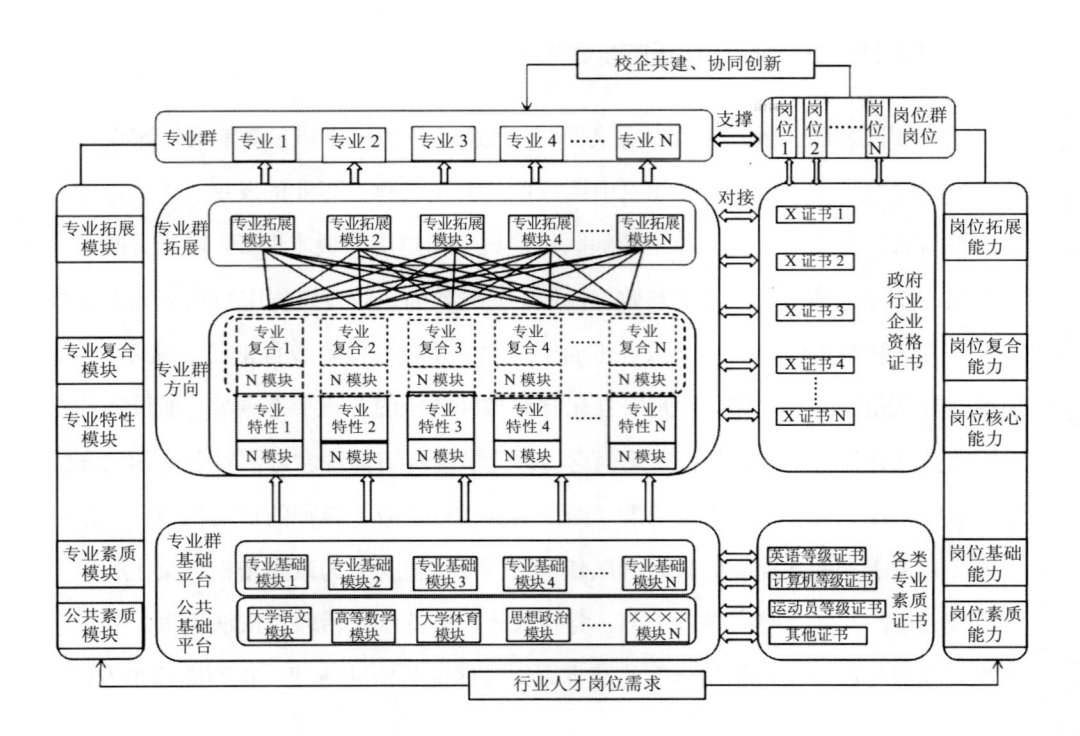

2. 课程体系构建的注意事项

课程体系的构建是学校育人体系建设的一个杠杆，整体撬动了学校育人模式的变革，形成学校办学特色。合理的、相对稳定与动态更新相结合的课程教学体系是培养具有创新精神和创业能力的人才基石，课程体系构建主要是确定合理的培养目标和规格以及确定实现培养目标和规格的课程体系。合理的课程体系包括专业课程、人文社会类课程、实践类课程等内容。在进行课程体系构建的时候，要注意以下几点。

（1）明确学校背景，做好背景分析。

1）学校的课程历史背景。有位校长曾经说过，一所学校没有历史不可怕，可怕的是只有历史没有文化。学校文化在很大程度上取决于学校的课程历史，课程历史背景将会指引当下课程体系的构建方向。在树立学校的课程历史时，需要抓住一个关键节点：学校发展经历了哪几个重要的历史阶段？这几个历史阶段的课程需要重点研究并值得借鉴。

2）学校生源背景分析。对于学校来说，学生是基本，那么学校课程体系的构建便应该以培养学生为根本。只有认真研究学生现状，我们才可能构建符合学生成长与发展需求的课程体系。生源分析通常包括：教育背景、居住环境、生活方式；人生规划、爱好特长、发展倾向；认知特点、学习风格、学习习惯；人际交往、责任担当、意志品质；情绪管理、时间管理、非认知发展；等等。对生源背景进行了透彻分析之后，可以为课程体系构建提供时代特征元素，便于制定体系者制定出符合当下时代背景的课程体系。

3）教师状况背景分析。好的课程一般是三分设计七分实施，所以在课程体系构建过程中，要特别注意教师状况的分析。我国传统的教师培养和教师培训主要注重教师教学素养和学科知识素养的培养。新课程背景下，教师不仅要有较强的教学素养和学科知识素养，还要有良好的课程素养。只有关注到了教师的发展需求，才可能对教师进行精准式的培训和培养。准确把握教师的状况是课程体系构建的实施保障。

4）区域位置背景分析。一所学校所处的区域位置，一定程度上决定了这所学校所拥有课程资源的多少。换句话来说，就是学校处于什么样的经济圈或者社会圈，很大程度上会决定学校培养的学生未来的就业走向。如果以学校为圆心，以1千米、2千米和3千米为半径，我们就可以刻画出学校的课程资源圈，例如企业联合开发课程、校企合作共建课程等。同时，我们还要重视学校与社区之间的互动，这也是学生社会性培养的发展方向。

5）社会期待值背景分析。这方面能够衡量一所学校的价值，社会期待值高的高校，一般课程体系设置与社会紧密相连，对社会贡献度较高。当然，社会期待值通常取决于两个方面：一个是家长对这所学校的期待；另一个是社会对这所学校的品牌价值和效应的认可。我们可以这样理解：社会期待值所体现的方方面面，是学校进行课程体系建设的重要参考因素。

（2）建立课程哲学，制定出有机结合的"育人整体"课程体系。一所优质学校应该有自己的课程体系，应该构建一个基于特定课程哲学而组织化了的课程整体，将各课程有机结合成一个联系紧密、有逻辑的"育人整体"。课程哲学不等同于教育哲学，而是包含于教育哲学。课程哲学是学生成长与发展的一种价值追求，是课程认识与理解的一种高度概括，是学校提升与发展的一种精神力量。目前大部分人赞同下述观点：课程是学生完成人生的一次"摆渡"，课程是一次机会，是一种经历，是一份经验；课程不仅在课堂，也在于课外。基于此，许多学校在构建自己的课程哲学时，都渴望于表现学校的教育哲学。对于学生来说，其在学校里的成长核心在于课程带来的影响，课程的影响力将决定学校的影响力。学校可以通过构建开放多元、充满活力、富有特色的课程体系，可以为学生提供更加自主、更具个性、更多选择的成长环境、教育资源和专业服务，让学生的潜能得到全面充分而自由的发展，尽最大可能实现学校的培养目标。

（3）建设分类和分级的课程结构，构建具有均衡性、综合性和选择性特征的课程体系。课程结构好不好将直接决定课程体系的质量。有专家曾经说过："学校的影响力，取决于课程的影响力；学校的创造力，取决于课程的创造力；学校的生命力，取决于课程的生命力。这三种力量的体现主要取决于课程结构。"课程结构，简而言之，就是一种组合方式，是不同类别课程的一种有机组合。之所以是不同类别，是因为课程的功能不同。所以，从大的角度讲，将相同功能的课程归为一类，称之领域；不同领域的有机组合构成学校的课程结构。

好的课程结构应该具备均衡性、综合性和选择性三个基本特征。均衡性是指学校课程体系中课程类型、具体科目和课程内容能够保持一种恰当、合理的比重。综合性具体体现在三个方面：一是加强了学科的综合性；二是设置综合课程；三是增设综合实践活动。选择性要求学校课程要以充分的灵活性适应地方社会发展的现实需要，以显著的特色性适应学校的办学宗旨和方向，以选择性适应学生的个性发展。

现在已经进入了读图时代，所以，对于学校课程结构，如何构建成一个好的模型就显得非常重要，也非常关键。就教育而言，模型就是图和表。每张图和表的背后都蕴含着深刻的思想、精彩的故事以及优美的表达。

（4）课程研发是课程体系建设的核心内容，一般具有丰富性、层次性和综合性。课程的设置一般都是预设的，并不是随意生成的。在进行课程体系建设时，需要结合人才培养方案体系来进行构建。一般衡量一所学校课程建设的优劣可以从以下三个维度来加以评估。

1）丰富性。丰富性是选择性的基础和前提，可以这样说，没有丰富性就没有选择性。在丰富性上，应该注意每个领域都要尽可能开设若干门课程，从而满足学生个性化的成长需求。在注重课程丰富性的同时，还要加强对学生选课进行指导。

2）层次性。如果说丰富性是指横向上课程需照顾到各个领域，那么层次性则是指纵向上学习能级逐渐提升的分层课程。在满足国家课程标准的同时，还应照顾到学有余力的学生，使其尽可能学多一点、学深一点、学快一点。

3）综合性。综合性指目标、内容、方式和评价的深度融合，特别要注重学生学习经验的积累。学习经验通常有间接经验和直接经验：间接经验主要是在课堂学习中完成；直接经验则是在课外活动中形成。这里要强调的是，同时也要兼顾学术化经验和社会化经验。

（5）课程实施过程的把控会影响课程效果，所以要多维度多视角审视课程实施过程。在学校课程实施中，不同课程应该设置不同的教学单元时间。针对不同的课程，可以设置30分钟/课时、45分钟/课时或者60分钟/课时，集中学习或者分散学习，"长课程"与"短课程"。不同的课程有着不同的学习内容，这就要求与之相匹配的学习环境、学习方式、学习资源等。

（6）课程领导小组的建立有助于高质量研发课程和构建课程体系。常规高职院校的课程数量至少在几百门，如果没有一个强有力的课程领导小组，不要说研发学校课程了，就连国家的课程都不能高质量地实施。所以在学校课程体系建设的过程中，为了避免"拍脑袋"工程，为了避免课程的构建出现散乱无序的状态，为了避免质量低劣的课程进入实施状态，学校有必要成立类似于学术委员会的组织机构，主要实施学校课程规划的审议、学校课程建设的指导、教研组绩效的考核、学校课程质量的评估、教师专业发展的评估等工作。

3. 专业群课程体系构建的要点

专业群是指高职院校围绕某一技术领域或服务领域，依据自身的办学优势与服务方向，以学校优势或特色专业为核心，按行业基础、技术基础相同或相近原则，充分融合相关专业而形成的专业集合。专业群建设的重要一环是课程体系建设，由于专业群内的专业面向的技术领域与就业岗位群相近，因此，需要探寻一个满足专业群人才培养目标的课程体系构建方式。

（1）以产业岗位群所需人才的职业素质和职业技能为牵引。专业群是不同于单一专业的，需要面向整个产业岗位群开展社会调研，了解产业岗位群的市场需求变化和人才规格的要求，有针对性地调整和设置专业，优化专业结构，使职业教育主动适应区域、行业经济和社会发展的需要。同时，要根据技术领域和职业岗位（群）的任职要求，参照相关的职业资格标准，改革课程体系和课程标准，将企业职业标准融入课程标准中，建立突出职业能力培养的课程标准，规范课程教学的基本要求，提高课程教学质量。此外，要加强教材建设，与行业企业共同开发紧密结合生产实际的实训教材，达到教材内容与岗位技能标准的有效对接，提升综合实训能力的培养，以职业能力培养为核心，设计课程建设思路，设计教学内容，以工作过程和任务驱动教学，实现工作过程向教学过程转化。

（2）按"大类招生、模块教学、方向培养、需求导向"原则，重点对接行业职业资格证书。大类招生是高校实行"通才教育"的一种改革，是指高校将相同或相近学科门类，通常是同院系的专业合并，按一个大类招生。学生入校后，经过1~2年的基础培养，再根据兴趣和双向选择原则进行专业分流。在这样的时代背景下，为了后期专业分流，可以提前做好指向性的课程安排。模块教学刚好可以解决这个问题，可使学生提前根据不同模块进行学习，掌握不同专业的基础知识，为后期攻读专业做好前期准备。此外，对接行业职业资格证书，把课程教学与工作岗位要求紧密结合起来，把职业标准和职业资格证书等要求真正融入课程教学中，有利于提高学生的职业技能，为企业培养真正有用、实用的人才。

（3）调研专业群面向的产业岗位群对人才能力的要求，对岗位素质能力、岗位基础能力、岗位核心能力和岗位拓展能力进行分析，将岗位能力元素融入专业模块课程中。主要是将岗位能力元素按照素质能力、基础能力、核心能力、拓展能力的要求进行详细的划分与定位，比如大一对照的岗位能力元素是素质与基础能力培养，大二对照的是核心能力和拓展能力的培养，大三是综合能力的提升。根据岗位能力划分情况，对应不同的课程，将课程归类到不同的专业模块当中，由此将岗位能力与专业模块课程紧密结合。

（4）依据学科和职业相关性原则，最终形成"公共素质模块""专业素质模块""专业特性模块""专业复合模块"和"专业拓展模块"专业群课程。其中，"公共素质模块"和"专业素质模块"主要培养学生的个人素养与职业道德；"专业特性模块"主要培养学生专业核心能力和技术；"专业复合模块"与"专业拓展模块"的学习则是学生整合知识与提高技能的有效阶段。

（5）按"通专结合"和"大类专业进，小专业出"的原则，实施专业课程模块多元互选、书证融通机制。"通专结合"和"大类专业进，小专业出"的原则是为了适应高等教育大众化、社会人才需求多样化、学生发展个性化的要求，通过模块化课程体系、多元化实践教学育人体系、书证融通机制来贯彻落实服务国家和地方经济社会发展的宗旨。

4. 专业群课程设置实例

专业群课程设置与高职院校人才培养质量基本要求紧密相关，而高职人才培养质量的基本要求一般由培养目标和培养规格来衡量。接下来以重庆电子工程职业学院的"人工智能技术应用专业群人才培养方案"为例，谈一谈专业群课程设置。

重庆电子工程职业学院
人工智能技术应用专业群人才培养方案

（适用年级：××××级　　修订时间：××××年××月）

一、专业群名称及代码

（一）专业群名称：人工智能技术应用、云计算技术与应用、软件与信息服务、移动应用开发。

（二）专业群代码：610X。

二、学制与招生

（一）学制：基本学习年限为3年，弹性学习年限为2~6年。

（二）招生对象：普通高中毕业（理科考生、文科考生）、中等职业学校毕业或具有同等学历。

（三）招生方式：统一招生、高职教育分类考试招生。

三、职业面向

表 3-1 专业类别及职业类别

所属专业大类（代码）	所属专业类（代码）	对应行业（代码）	主要职业类别（代码）	主要岗位群或技术领域举例	职业资格和职业技能等级证书举例
电子信息大类（61）	计算机类（6102）	互联网和相关服务（64）软件和信息技术服务业（65）	其他计算机与应用工程技术人员（2-02-13-99）	1. 嵌入式工程师 2. 人工智能算法应用工程师 3. 智能产品开发应用工程师 4. 人工智能产品维护工程师 5. 人工智能产品销售工程师	1. 人工智能应用开发工程师 2. 嵌入式开发工程师
电子信息大类（61）	计算机类（6102）云计算技术与应用	互联网和相关服务（64）软件和信息技术服务业（65）	信息和通信工程技术人员（2-02-10）计算机与应用工程技术人员（2-02-13）	1. 云计算架构工程师 2. 云计算运维工程师 3. 云应用开发工程师 4. 云安全工程师 5. 云服务工程师	1. 云计算工程师 2. 云计算开发工程师 3. 云安全工程师
电子信息大类（61）	计算机类（6102）软件与信息服务	互联网和相关服务（64）软件和信息技术服务业（65）	计算机软件技术人员（2-02-13-02）计算机系统分析技术人员（2-02-13-02）其他计算机与应用工程技术人员（2-02-13-99）	1. 信息系统项目管理师 2. 互联网产品设计师 3. 软件质量保障工程师 4. ASP.NET 开发工程师 5. Java Web 开发工程师	1. 全国计算机高新技术考试程序开发类认证 2. NCAE 考试程序开发类认证 3. 计算机技术与软件专业技术资格（水平）考试
电子信息大类（61）	计算机类（6102）移动应用开发	互联网和相关服务（64）软件和信息技术服务业（65）	计算机软件技术人员（2-02-13-02）计算机系统分析技术人员（2-02-13-02）其他计算机与应用工程技术人员（2-02-13-99）	1. 移动互联网产品设计工程师 2. 安卓开发工程师 3. Web 应用开发工程师 4. 智能应用集成工程师	1. 全国计算机高新技术考试程序开发类认证 2. 计算机技术与软件专业技术资格（水平）考试

四、培养目标与培养规格

（一）总体培养目标

本专业群培养理想信念坚定，德、智、体、美、劳全面发展，具有良好的人文素养、职业道德和创新意识，精益求精的工匠精神，较强的就业能力和可持续发展的能力；掌握本专业群基础知识和基本技能，面向软件和信息技术服务业、互联网和相关服务行业的计算机与应用工程技术人员、计算机软件技术人员、信息和通信工程技术人员、计算机系统分析技术人员等职业群（或技术技能领域），能够从事人工智能算法应用工程师、云计算架构工程师、信息系统项目管理师、Web 应用开发工程师等工作，适应产业转型升级和企业技术创新需要的发展型、复合型、创新型的高素质技术技能型人才。

（二）总体培养规格

1. 专业群素质要求

（1）坚定拥护中国共产党领导和我国社会主义制度，在习近平新时代中国特色社会主义思想指引下，践行社会主义核心价值观，具有深厚的爱国情感和中华民族自豪感。

（2）崇尚宪法、遵纪守法、崇德向善、诚实守信、尊重生命、热爱劳动、履行道德准则和行为规范，具有社会责任感和社会参与意识。

（3）具有质量意识、环保意识、安全意识、信息素养、工匠精神、创新思维。

（4）勇于奋斗、乐观向上，具有自我管理能力、职业生涯规划的意识，有较强的集体意识和团队合作精神。

（5）具有健康的体魄、心理和健全的人格，掌握基本运动知识和至少 1 项运动技能，具有良好的健身与卫生习惯、良好的行为习惯。

（6）具有一定的审美和人文素养，能够形成至少 1 项艺术特长或爱好。

（7）具有创新思维与创业精神。

（8）具有互联网思维和计算思维。

2. 专业群基础能力要求

（1）具有英语阅读和一般专业资料的翻译能力。

（2）具有高度的责任感，有严谨、认真、细致和吃苦耐劳的工作作风。

（3）具有遵守行业规程、保守国家秘密和商业秘密的素养。

（4）具有终身独立学习的意识和再学习的能力。

（5）具有良好的工程实践应用能力和创业能力。

（6）具有跟踪和检索最新工程领域的相关技术信息的能力。

（7）具备对新知识、新技能的学习能力和创新创业能力。

（8）具备数据库的安装与配置能力。

（9）具备数据库的创建、修改、删除、设置、备份、恢复的能力。

（10）具备认知网络体系结构的基本能力。

（11）具备配置和测试网络协议、划分子网的能力。

（12）具备网线制作的基本能力。

（13）具备组建局域网和实现网络资源共享的能力。

（14）具备专业软件应用能力。

（15）具备熟练的软件编码能力。

（16）具备调试程序的能力。

（17）具有一定的创新能力，能对行业内创新热点进行简单分析和理解。

3. 专业群职业能力要求

（1）具备云计算需求分析和方案设计能力。

（2）具备云计算数据中心网络软硬件搭建及故障排除能力。

（3）具备云平台架构部署能力。

（4）具备云应用开发能力。

（5）具备云开发及测试能力。

（6）具备云平台运维能力。

（7）具备云设备的售前和售后技术支持的能力。

（8）具有单片机程序设计能力。

（9）具有嵌入式操作系统程序设计能力。

（10）具有人工智能算法应用能力。

（11）具有智能产品管理与维护能力。

（12）具备企业信息化全流程管理能力。

（13）具备 Java 基本编程能力。

（14）具备 Web 前后端编程能力。

（15）具备 UI 界面设计能力。

（16）具备终端应用开发能力。

（17）具备手机 APP 的基本编程能力。

（18）具备熟练进行软件编码能力。

（19）具备熟练进行数据库开发、使用及维护能力。

（20）具备软件测试能力。

（21）具备熟练编写 IT 文档的能力。

（22）具备软件的售后技术支持能力。

（23）具备移动应用开发、企业级多层架构应用系统开发能力。

五、课程设置及要求

通过构建"平台+模块"专业群课程体系，实行"大类专业进、小专业出"个性化人才培养，课程模块与×证书融通。

（一）公共基础平台设置

根据党和国家有关文件规定，开设思想道德修养与法律基础、毛泽东思想和中国特色社会主义理论体系概论、形势与政策、军事理论、军事技能、公共体育、体育专项技能、信息技术与人工智能基础、就业指导与职业发展、创新创业教育、心理健康教育、中华优秀传统文化、高等数学、公共英语等公共课程。

（二）专业群基础平台设置

根据专业群各典型工作任务共有的基本职业能力将其归并到一起，组合成专业基础课程平台。将以知识学习为主的职业能力（或者共有的知识点）归并到一起，构建基础理实一体化课程（B 类课程）；将以技能训练为主的职业能力（或者共有的技能点）归并到一起，构建基础实训课程（C 类课程）。

包含程序设计基础、数据库基础、计算机网络基础、人工智能应用技术、UI 界面设计、Python 程序设计、IT 职业生涯规划、认知实习、体验实习等课程。

（三）专业群模块设置

根据专业群各职业能力，按职业岗位进行分类，分别构建不同的技术方向课程模块，每个模块与一个或一类职业岗位（群）对应，由 2~4 门理实一体化课程（B 类课程）或实训课程（C 类课程）组成。包含嵌入式应用开发、云平台架构、程序员、安卓应用开发等 16 个模块。

表 5-1　专业群模块设置表

序号	模块名称	课程名称	职业技能等级证书
1	嵌入式应用开发	单片机技术及应用等课程	嵌入式工程师
2	人工智能技术应用	FPGA 人工智能应用开发等课程	人工智能工程师
3	智能产品应用开发	人工智能产品开发等课程	1. 人工智能工程师 2. 嵌入式工程师
4	云平台架构	Linux 操作系统等课程	云计算架构工程师
5	云安全运维	云安全技术与实施等课程	1. 云计算运维工程师 2. 云安全工程师
6	云应用开发	大数据平台应用等课程	1. 云应用开发工程师 2. 云服务工程师
7	.NET 应用开发	Java 程序设计等课程	1. 计算机技术与软件专业技术资格（水平）考试——程序员 2. NCAE 考试 Java 认证

续表

序号	模块名称	课程名称	职业技能等级证书
8	Web 应用开发	JSP 高级网页设计等课程	1. 计算机技术与软件专业技术资格（水平）考试——软件设计师 2. CNCIW 认证 3. 全国计算机高新技术考试程序开发类认证
9	框架应用开发	系统框架开发等课程	计算机技术与软件专业技术资格（水平）考试
10	安卓应用开发	安卓应用程序设计等课程	1. NCAE 考试 Android 认证 2. OSTA 考试 Android 认证 3. 谷歌公司 Android 程序员认证 4. 经专业指导委员会和学院认可的其他与 Android 相关的认证
11	服务端应用系统开发	Java Web 应用程序设计等课程	1. NCAE 考试 Java 认证 2. OSTA 考试 Java 认证 3. Sun 公司 Java 程序员认证 4. 经专业指导委员会和学院认可的其他与 Java 相关的认证
12	区块链应用	区块链原理与应用等课程	区块链工程师
13	Web 前端开发	响应式网页设计等课程	Web 前端工程师
14	信息安全应用	信息安全技术等课程	网络安全管理员
15	移动智能应用开发	手机网站开发基础等课程	移动终端应用开发工程师
16	职业素质	信息检索与文档撰写等课程	

1. 专业方向模块设置

表 5-2　专业方向模块设置表

序号	专业名称	专业定位	必修模块名称
1	智能产品开发	面向软件和信息技术服务业、互联网和相关服务行业的其他计算机与应用工程技术人员等职业群（或技术技能领域），能够从事嵌入式工程师等工作	1. 嵌入式应用开发 2. 人工智能技术应用 3. 智能产品应用开发

续表

序号	专业名称	专业定位	必修模块名称
2	云计算技术与应用	面向软件和信息技术服务业、互联网和相关服务行业的计算机与应用工程技术人员等职业群（或技术技能领域），能够从事云计算架构工程师等工作	1. 云平台架构 2. 云安全运维 3. 云应用开发
3	软件与信息服务	面向软件和信息技术服务业、互联网和相关服务行业的计算机软件技术人员等职业群（或技术技能领域），能够从事信息系统项目管理师等工作	1. .NET 应用开发 2. Web 应用开发 3. 框架应用开发
4	移动应用开发	面向软件和信息技术服务业、互联网和相关服务行业的计算机系统分析技术人员等职业群（或技术技能领域），能够从事安卓开发工程师等工作	1. 安卓应用开发 2. 服务端应用系统开发 3. 框架应用开发

2. 专业拓展模块设置

表 5-3　专业拓展模块设置表

拓展模块类型	模块名称（选修）
专业拓展模块	1. 区块链应用模块 2. Web 前端开发模块 3. 信息安全应用模块 4. 移动智能应用开发模块 5. 职业素质模块

包含区块链原理与应用、Web 前端基础、信息安全技术、手机网站开发基础、信息检索与文档撰写等课程。

3. 素质拓展模块设置

根据专业群素质要求，开设科学精神与思维创新模块、历史传承与哲学基础模块、社会研究与经济管理模块、当代中国与世界视野模块、艺术体验与审美鉴赏模块，上述模块由学生自行选修。

（四）专业群核心课程主要教学内容及要求

表 5-4　专业群核心课程主要教学内容及要求

序号	模块名称	课程名称	主要教学内容及要求
1	嵌入式应用开发	单片机技术及应用	本课程主要培养学生软件控制硬件的能力，同时也培养硬件设计能力。本课程主要学习微控制器的基本结构、工作原理、程序设计以及系统扩展与工程应用，同时能够使用 C 语言完成微控制器端口的控制，理解中断的原理，实现定时计数器的定时与计数功能，掌握串口通信方法，验证键盘与 Led 数码管显示功能，并能够借助微控制器进行基本的智能产品开发，验证智能微控制器的各项功能。通过该课程的学习，能够深入了解智能微机的运行原理
2	人工智能技术应用	FPGA 人工智能应用开发	本课程主要使学生能够利用 FPGA 的硬件平台掌握人工智能应用技术的各种算法及应用。通过本课的学习，掌握数据清洗、数据加载方法，并利用逻辑回归模型的介绍，学习激励函数、损失函数和梯度下降的概念及作用，使得学生通过 FPGA 平台，完成神经网络、深度学习、卷积神经网络、深度置信网络、强化学习、循环神经网络等人工智能方法的应用程序设计和案例分析
		机器学习技术与应用	本课程主要培养学生学会机器学习各种算法应用技术。机器学习是人工智能的一个核心研究领域，也是近年来计算机科学中最活跃的研究分支之一，同时也是一个多学科交叉的学科。学生通过监督学习、贝叶斯估计、参数方法、维度规约、聚类、决策树、线性判别式、多层感知器、核机器、图方法、增强学习等方法的学习，完成相关机器学习方法的实验设计及分析，理论结合实践，使学生掌握机器学习方法在程序设计过程中的应用技能
3	智能产品应用开发	智能产品开发综合实训	本课程主要培养学生对知识的综合应用能力。通过利用 C 语言、Python 语言、外观设计、微控制器技术、嵌入式操作系统、机器学习与神经网络等知识，分步完成软硬件的设计、人工智能算法实现和外观设计，以项目形式完成知识内容的整合
4	云平台架构	Linux 操作系统	通过学习，使学生能配置和管理各种网络服务，如：Samba 服务、NFS 服务、DHCP 服务、DNS 服务、Web 服务、VSftp 服务、E-mail 服务、MySQL 数据库服务等。利用 Openstack 完成企业私有云平台的创建和管理，并结合虚拟化平台强大的资源抽象能力，为企业云平台提供可灵活分配的计算资源，提高学生解决问题、动手实践应用的能力，使学生能适应云计算浪潮下的 IT 运维和管理工作

续表

序号	模块名称	课程名称	主要教学内容及要求
5	云安全运维	云安全技术与实施	通过学习，学生可以借此提高自身的安全意识，加强对云安全的认识程度，了解常见的安全漏洞，识别黑客攻击手法，能够掌握数据存储与备份的规划、设计、组建、管理与维护，熟悉提高系统抗攻击能力的安全配置和维护方法，最重要的，还在于掌握一种云安全知识学习的有效而正确的途径和方法，目的是使学生具有从事云安全技术支持与服务职业的能力，能在企业中担任云安全技术支持与服务人员
6	云应用开发	大数据平台应用	通过学习，学生从应用的角度出发，学习利用云计算相关技术构建应用程序应具备的基础知识，以岗位技能要求为中心，以工作过程的完整性，教学过程的实践性、开放性及职业性为原则进行设计，以职业岗位的能力素质要求为核心进行规划，以培养与提高学生云计算应用技能为目标，结合最新云应用开发技术，进行具体应用实例开发，掌握云平台上的应用开发技术
7	.NET应用开发	ASP.NET应用程序设计	通过对ASP.NET开发技术的了解和认知，使学生了解微软体系Web程序基本编写方法和运行机制，建立面向对象程序设计基本理念，从而达到能熟练使用C#语言和ASP.NET技术开发相应的Web应用程序的目标
8	Web应用开发	JSP高级网页设计	本课程介绍JSP技术的概念、方法与实现过程，包括JSP运行环境、JSP语法与组成元素、JSP内置对象、JSP对数据库的操作、JSP对JavaBean和Servlet的调用、JSP核心表达式与标签、Web网页模板技术、JSP实用组件技术，着重培养学生进行动态Web应用开发的能力
9	框架应用开发	系统框架开发	本课程介绍Spring原理与配置；IOC技术；AOP技术；Struts2入门与配置；Struts2标签与特性；Hibernate入门与配置；HQL、Hibernate高级特性；SSH框架整合方法；应用Java EE开发企业级应用系统的技术
10	安卓应用开发	安卓应用程序设计	通过对该课程的学习，使得学生掌握Android平台、开发框架及SDK，掌握Android模拟器（Emulator）、Dalvik调试监控服务工具、Android调试工具、Traceview工具、mksdcard卡、activityCreator工具、Android资源打包工具、dx工具等的使用，掌握Android界面层、Android控制层开发
11	服务端应用系统开发	Java Web应用程序设计	通过对Java Web开发框架的了解和学习，培养学生利用Java框架开发Web应用程序的能力，帮助学生尽快具备开发能力，顺利融入未来的社会经济中

六、教学计划进度表

表 5-5 课程类别与学分结构总表

专业群：人工智能技术应用　　　　　　　　　　　　　　　　　　　　适用年级：2019 级

课程及学分类别	课程管理部门		课程学分		课内学时		整周实训/周
			必修	选修	总学时	其中实践学时	
1．公共基础平台课程（公共必修课程）	马克思主义学院		8	/	132	40	/
	通识教育与国际学院		20	/	326	96	/
	体育与国防教学部		11	/	256	200	2
	人工智能与大数据学院		2	/	32	16	/
2．素质拓展模块（公共选修课程）	通识教育与国际学院		/	6	96	0	/
3．专业群基础平台课程（专业必修课程）	人工智能与大数据学院	其中理论	25	/	400	200	
		其中实践	2	/	40	40	2
4．专业方向模块课程（专业必修课程）	专业一 智能产品开发	人工智能与大数据学院	其中理论	21	/	336	168	/
			其中实践	29	/	800	800	40
	专业二 云计算技术与应用	人工智能与大数据学院	其中理论	25	'/	400	200	/
			其中实践	25	/	720	720	36
	专业三 软件与信息服务	人工智能与大数据学院	其中理论	29	/	464	232	
			其中实践	21	/	640	640	32
	专业四 移动应用开发	人工智能与大数据学院	其中理论	19	/	304	152	
			其中实践	31	/	840	840	42
5．专业拓展模块课程（专业选修课程）	人工智能与大数据学院		/	≥20	/	/	/
统计	各专业总学分、学时		144		/	/	/
毕业总学分标准			144 学分					

表 5-6　公共基础平台设置表

学期	课程名称	课程代码	课程类型（A、B、C）	必修学分	考核方式	课内总学时	其中实践学时
1	公共英语Ⅱ（1）	69010017	B	4	考查	64	16
	创新创业教育（1）	69010027	B	1	考查	16	4
	就业指导与职业发展（1）	69010025	B	1	考查	19	6
	高等数学	69010006	B	4	考试	64	16
	心理健康教育	69010029	B	1	考查	16	4
	思想道德修养与法律基础	70010001	B	3	考查	48	10
	形势与政策（1）	70010003	A	0.5	考查	8	
	思想政治理论实践课（1）	7007040001	C	0.5	考查	10	10
	信息技术与人工智能基础	6102020001	B	2	考查	32	16
	公共体育1	71010001	B	2	考查	32	28
	军事理论	71010014	A	2	考查	32	0
	军事训练	71010015	C	2	考查	112	112
2	公共英语Ⅱ（2）	69010018	B	4	考查	64	16
	工程数学Ⅰ	69010013	B	3	考试	48	12
	毛泽东思想和中国特色社会主义理论体系概论	7002010001	B	3	考查	48	10
	形势与政策（2）	70010004	A	0.5	考查	8	
	思想政治理论实践课（2）	7002040001	C	0.5	考查	10	10
	公共体育2	71010002	B	2	考查	32	28
3	体育在线课程	71010005	A	1	考查	16	0
	体育专项技能1	71010006	C	1	考查	16	16
4	创新创业教育（2）	69010028	C	1	考查	16	16
	就业指导与职业发展（2）	69010026	B	1	考查	19	6
	体育专项技能2	71010007	C	1	考查	16	16
公共基础平台课程（必修课程）开课总学分			41 学分		/	746 学时	

表 5-7　人工智能专业群基础平台设置表

学期	课程名称	课程代码	课程类型（A、B、C）	课程学分	考核方式	课内学时 总学时	课内学时 其中实践学时	整周实训（周）
1	程序设计基础	1801278	B	4	考试	64	32	/
	数据库基础	1801112	B	4	考试	64	32	/
	IT 职业生涯规划	1301298	B	1	考查	16	8	/
	认知实习	1805083	C	1	考查			1
2	计算机网络基础	1260015	B	4	考试	64	32	/
	人工智能应用技术	6108020001	B	4	考试	64	32	/
	体验实习	1305052	C	1	考查			1
	UI 界面设计	1801274	B	4	考试	64	32	/
	Python 程序设计	61030198	B	4	考试	64	32	/
课程学分、学时及实践学时、实践周数			/	27	/	400	200	2
专业基础平台课程（专业必修课程）毕业学分小计					27 学分			

表 5-8　智能产品开发方向模块设置表

学期	模块名称	课程名称	课程代码	课程类型（A、B、C）	课程学分	考核方式	课内学时 总学时	课内学时 其中实践学时	整周实训/周
3	嵌入式应用开发	电路基础	6108020004	B	3	考查	48	24	/
		单片机技术及应用	6108020005	B	4	考试	64	32	/
		单片机技术及应用实训	6107040007	C	2	考查			2
		嵌入式操作系统程序设计	6108020006	B	4	考查	64	32	/
		嵌入式操作系统程序设计实训	6107040008	C	2	考查			2

续表

学期	模块名称	课程名称	课程代码	课程类型（A、B、C）	课程学分	考核方式	课内学时 总学时	课内学时 其中实践学时	整周实训/周
4	人工智能技术应用	FPGA 人工智能应用开发	6108020007	B	4	考试	64	32	/
		FPGA 人工智能应用开发实训	6107040009	C	2	考查			2
		机器学习技术与应用	6108020008	B	4	考查	64	32	
		机器学习技术与应用实训	6107040010	C	2	考查			2
5	智能产品应用开发	智能产品开发综合实训	6107040031	C	4	考查			4
		人工智能产品开发	6107040012	C	4	考查			4
		软件工程	1301267	B	2	考查	32	16	/
	/	校外（顶岗）实习1	6107040004	C	3	考查			6
6	/	校外（顶岗）实习2	61050050	C	4	考查			12
	/	毕业设计（论文）	1860278	C	6	答辩			6
课程学分、学时及实践学时、实践周数					50	/	336	168	40
专业方向模块课程（专业必修课程）毕业学分小计							50 学分		

表 5-9　云计算技术与应用专业方向模块设置表

学期	模块名称	课程名称	课程代码	课程类型（A、B、C）	课程学分	考核方式	课内学时 总学时	课内学时 其中实践学时	整周实训/周
3	云平台架构	Linux 操作系统	1801257	B	4	考试	64	32	/
		Linux 操作系统实训	1305135	C	2	考查			2
		Java 程序设计	1360170	B	4	考试	64	32	/
		Java 程序设计实训	1305123	C	2	考查			2

续表

学期	模块名称	课程名称	课程代码	课程类型(A、B、C)	课程学分	考核方式	课内学时 总学时	课内学时 其中实践学时	整周实训/周
4	云安全运维	云操作系统	1301311	B	4	考查	64	32	/
		云应用开发	61030025	B	4	考查	64	32	/
		云安全技术与实施	61030073	B	3	考试	48	24	/
		云安全技术与实施实训	61050048	C	2	考查			2
		云存储技术应用实训	1305132	C	2	考查			2
5	云应用开发	大数据平台应用	61030070	B	3	考查	48	24	/
		大数据平台应用实训	6107040005	C	1	考查			1
		管理信息系统	61030071	B	3	考查	48	24	/
		云计算综合实训	6107040006	C	3	考查			3
	/	校外（顶岗）实习1	6107040004	C	3	考查			6
6	/	校外（顶岗）实习2	61050050	C	4	考查			12
	/	毕业设计（论文）	1860278	C	6	答辩			6
课程学分、学时及实践学时、实践周数					50	/	400	200	36
专业方向模块课程（专业必修课程）毕业学分小计						50学分			

表5-10 软件与信息服务专业方向模块设置表

学期	模块名称	课程名称	课程代码	课程类型(A、B、C)	课程学分	考核方式	课内学时 总学时	课内学时 其中实践学时	整周实训/周
3	.NET应用开发	Java程序设计	1360170	B	4	考试	64	32	/
		C#程序设计	6108020038	B	3	考查	48	24	/
		ASP.NET应用程序设计	6108020020	B	4	考查	64	32	/

续表

学期	模块名称	课程名称	课程代码	课程类型（A、B、C）	课程学分	考核方式	课内学时 总学时	课内学时 其中实践学时	整周实训/周
4	Web应用开发	JSP高级网页设计	6108020015	B	4	考查	64	32	/
		JSP高级网页设计实训	6107040027	C	2	考查			2
		软件工程	1301267	B	2	考查	32	16	
		数据结构	1801097	B	4	考试	64	32	
		PHP程序设计	1801190	B	4	考查	64	32	/
5	框架应用开发	中小型软件系统开发	6108020033	B	4	考查	64	32	/
		系统框架开发	6107040036	C	4	考查			4
		中小型软件系统开发实训	6107040028	C	2	考查			2
6	/	校外（顶岗）实习1	6107040004	C	3	考查			6
	/	校外（顶岗）实习2	61050050	C	4	考查			12
	/	毕业设计（论文）	1860278	C	6	答辩			6
课程学分、学时及实践学时、实践周数				/	50	/	464	232	32
专业方向模块课程（专业必修课程）毕业学分小计						50学分			

表5-11 移动应用开发专业方向模块设置表

学期	模块名称	课程名称	课程代码	课程类型（A、B、C）	课程学分	考核方式	课内学时 总学时	课内学时 其中实践学时	整周实训/周
3	安卓应用开发	Java程序设计	1360170	B	4	考试	64	32	/
		安卓应用程序设计	6108020022	B	4	考查	64	32	/
		安卓应用程序设计实训	6107040018	C	4	考查			4

续表

学期	模块名称	课程名称	课程代码	课程类型（A、B、C）	课程学分	考核方式	课内学时 总学时	课内学时 其中实践学时	整周实训/周
4	服务端应用系统开发	Java Web 应用程序设计	6108020021	B	4	考试	64	32	/
		Java Web 应用程序设计实训	6107040017	C	4	考查			4
		信息系统项目管理	6108020037	B	3	考查	48	24	/
		移动智能控制技术实践	6107040019	C	4	考查			4
5	框架应用开发	中小型软件系统开发	6108020033	B	4	考查	64	32	/
		系统框架开发	6107040036	C	4	考查			4
		中小型软件系统开发实训	6107040028	C	2	考查			2
	/	校外（顶岗）实习 1	6107040004	C	3	考查			6
6	/	校外（顶岗）实习 2	61050050	C	4	考查			12
	/	毕业设计（论文）	1860278	C	6	答辩			6
课程学分、学时及实践学时、实践周数					50	/	304	152	42
专业方向模块课程（专业必修课程）毕业学分小计					50 学分				

表 5-12 专业拓展模块设置表

学期	模块名称	课程名称	课程代码	课程类型（A、B、C）	课程学分	考核方式	课内学时 总学时	课内学时 其中实践学时	整周实训/周
3、5	区块链应用	云计算基础	61040096	B	2	考查	32	16	/
3、5		大数据基础	61040097	B	2	考查	32	16	/
4、6		区块链原理与应用	6105020002	B	2	考查	32	16	/
3、5		Excel 高级应用	1302051	B	2	考查	32	16	/

续表

学期	模块名称	课程名称	课程代码	课程类型（A、B、C）	课程学分	考核方式	课内学时 总学时	课内学时 其中实践学时	整周实训/周
3、5	Web 前端开发	Web 前端基础	6105020012	B	3	考查	48	24	/
4、6		响应式网页设计	6105020003	B	3	考查	48	32	/
4、6		.NET 编程	6105020004	B	2	考查	32	16	/
3、5	信息安全应用	信息安全技术	6105020005	B	2	考查	32	16	/
3、5		新一代网络技术	6105020006	B	2	考查	32	16	/
4、6		信息安全标准与法规	1360262	B	2	考查	32	16	/
4、6		网络操作系统	6105020007	B	2	考查	32	16	/
3、5	移动智能应用开发	手机网站开发基础	6105020008	B	2	考查	32	16	/
3、5		Matlab 程序设计	6105020009	B	2	考查	32	16	/
4、6		图形图像处理技术	6105020010	B	2	考查	32	16	/
4、6		移动互联网产品设计	6105020011	B	2	考查	32	16	/
3、5	职业素质	信息检索与文档撰写	1302086	B	2	考查	32	16	/
4、6		团队协作与沟通技巧	1302084	B	2	考查	32	16	/
本专业毕业要求达到的最低专业拓展课程（专业选修课程）总学分							20 学分		

表 5-13　各学期教育、教学各环节周数分配表　　　　　　　　单位：周

学期	课堂教学	各种实践教学周 课程设计	各种实践教学周 技能实训	各种实践教学周 生产实习	各种实践教学周 顶岗实习	各种实践教学周 毕业设计毕业论文	毕业教育军事训练	考试	专题活动周	机动	合计
1	14		1				2	1	1	2	21
2	16		1					1	1	2	21
3	16		2					1	1	1	21
4	16		2					1	1	1	21
5	12				6			1	1	1	21
6					12	6	2	0	1	0	21
合计	74		6		18	6	4	5	6	7	126

七、实施保障

实施保障主要包括师资队伍、教学设施、教学资源、教学方法、学习评价、质量管理等方面。

（一）师资队伍

1. 队伍结构

专业群教师团队结构合理，教学水平和科研能力强。教师团队现有专任教师53人，包括国家级创新教学团队骨干成员，其中教授4人、副教授20人，具有博士学位或在读博士4人，"双师型"教师占比为90%，兼职教师17人，师生比为1:19。教师团队拥有享受国务院政府特殊津贴1人、全国技术能手1人、获黄炎培职业教育奖全国杰出教师奖1人、世界技能大赛专家1人、全国技能大赛专家2人、全国技能大赛一等奖优秀指导教师6人、重庆市杰出技能人才1人、重庆市教学名师2人、重庆市骨干教师1人、重庆市优秀教师1人、重庆市特殊人才支持计划入选2人、市级"双师型"名师工作室负责人1人、校级教学名师2人。

团队教师技能卓越，为学生成长提供坚实保证，近年指导学生技能竞赛取得佳绩。获省级以上奖项75项，其中"蓝桥杯"软件设计国际赛二等奖3项，全国职业院校技能竞赛一等奖3项、二等奖10项、三等奖4项，重庆市技能竞赛一等奖22项、二等奖15项、三等奖23项。

2. 专任教师

团队教师有理想信念、有道德情操、有扎实学识、有仁爱之心；具有高校教师资格和本专业领域相关证书；具有计算机科学与技术、网络工程、通信工程、电子信息工程等相关专业本科及以上学历；具有扎实的本专业相关理论功底和实践能力，具有较强的信息化教学能力，能够开展课程教学改革和科学研究；定期开展师资培训，提升教学能力和专业技能；积极参与企业实践，每5年累计达到6个月及以上的企业实践经历。

3. 专业带头人

专业群带头人2人（校内、外专业群带头人各1人），校内专业带头人4人、企业兼职专业带头人2人，均具有副高及以上职称。能够较好地把握国内外计算机行业、云计算行业、专业发展，能广泛联系行业企业，了解行业企业对本专业人才的需求实际，教学设计、专业研究能力强，牵头组织开展教科研工作能力强，在本区域或本领域有一定的专业影响力。

4. 兼职教师

兼职教师主要从互联网和相关服务、软件和信息技术服务业等相关企业聘任，具备良好的思想政治素质、职业道德和工匠精神，具有扎实的专业知识和丰富的实际工作经验，具有3年以上行业工作经验，具有中级及以上相关专业职称，能承担专业课程教学、实习实训指导和学生职业发展规划指导等教学任务。17名兼职教师中，15名来自合作企业，兼职教师稳定。每学期开学前，开展兼职教师教学规范、教学方法培训，建立兼职教师教学质量与课时津贴挂钩的考评机制，确保兼职教师教学质量。

（二）教学设施

1. 校内实习实训室

专业群拥有理实一体化教室14个，产教融合实训基地8个，重庆市"双基地"1个，设备价值1700余万元，设施设备齐全，满足专业群课程教学和学生实习实训需求，为专业群培养技术技能型人才提供有力支撑。

专业群另建有"双师型"名师工作室1个、卓越人才培养工匠工坊4个、工作室8个，满足学生课外实践需求，开展卓越人才培养。

设施设备归口工程与鉴定中心管理，实习实训室管理人员12人，有6项管理制度，管理规范。

（1）云计算基础架构实训室。配置平台运算节点、控制管理节点、虚拟用户授权、瘦终端、虚拟桌面控制平台、课堂管理系统、控制终端等设备，安装CentOS、Linux、OpenStack等系统，支持虚拟KVM功能，支持与操作系统无关的远程对服务器的完全控制，包括远程开机、关机、重启、更新 Firmware，对虚拟软驱、虚拟光驱、虚拟文件夹等的操作。支持云操作系统、Linux 操作系统管理、云计算综合实训等课程的教学与实训。

（2）云计算协同创新中心。提供搭建部署云计算基础架构（IaaS）、云计算平台架构（PaaS）、云计算软件和服务（SaaS）三个管理平台及应用服务软件等的实训环境，满足学生对云平台的搭建、管理和开发的实训练习，提供基于云平台搭建的应用系统实训、云存储实训、大数据实验等实训项目，装置包含云计算控制节点模块、计算节点模块等。

（3）云存储实训室。集在线存储、多机同步、桌面备份、数据归档、数据发布与共享等存储应用为一体的云存储实训室。能进行海量存储系统及技术的研发，研究高可用、高性能、大容量、低能耗、自组织的海量存储系统及技术，包括并行与分布存储系统、对象存储系统（OBS）和云存储等；关于磁盘阵列技术，研究各类通道接口技术、数据布局算法、数据容错技术、数据恢复重建算法、性能优化技术及节能技术等；高速存储互连包括存储控制器硬件设计、高速 I/O 通道技术与接口控制芯片技术等；对于固态存储技术，研究固态盘控制器、高速接口及相关算法等；对于存储安全与高可用技术，研究存储安全技术、重复数据删除技术、数据备份及灾难恢复技术等。

（4）人工智能实训室。人工智能实验室是基于 HP 卓越稳定的硬件平台和企业级的大数据处理架构，并结合 NVIDIA 高速的计算能力，以及高清摄像头，提供稳定的教学和实验实训平台。支持机器学习、了解神经网络、图像处理等项目实践课程的教学与实训。

（5）软件与信息服务综合实训室。该实训室于 2015 年建成，总投资为 49 万元。实训室根据软件与信息服务领域的全过程分为：需求分析、系统设计、代码设计、系统测试、运行维护等五个模块。主要完成 Java、J2EE、JSP、C#、JavaScript、软件项目开发、软件开发方法、网页设计与制作等课程的实验实训教学，可以模拟软件开发的全过程。该实验室也可以用于其他专业的软件系统开发或软件试验教学，与企业建立软件工作室，承接企业的软件开发项目、承担软件专业合作班的授课任务。

（6）移动应用开发综合实训室。移动应用开发综合实训室是学院于近年建成的一个集学生实习实训、项目开发、学术研究并重的综合型实验室，设备总投资90余万元。实验室以联想公司智能交通竞赛训练系统为承载，主要用于智能交通应用系统的场景体验、动手实践和创新开发。实训系统以互联网和移动终端软件应用为发展核心，实现与传感网节点信息交换、智能化跟踪监控和管理等功能，并且提供强大的软件应用二次开发。通过智能交通综合实训套件，可帮助学生在真实的应用场景中进行动手实践，从而真正掌握智能交通的系统架构、工作原理、工作流程、系统操作等，进而培养学生的知识运用能力、动手实践能力和创新开发能力。

2. 校外实习实训基地

与百度、科大讯飞等知名企业合作共建学生校外实习实训基地25个，能够提供开展云平台运维、智能终端应用开发、网络应用开发等实习实训活动，实训设施齐备，实训岗位、实训指导教师稳定，实训管理及实施规章制度齐全。

（三）教学资源

1. 教材开发与选用

校企合作开发项目化教材23部，其中"十二五"国家规划教材15部，活页化教材2部，建立由任课教师提出教材征订、系部审核、专业群教学指导委员会审定的教材选用机制，经过规范程序择优选用国家规划教材、省部级优秀教材和自编教材。

2. 图书文献

专业类图书文献20万余册，包含人工智能、软件开发、云计算等领域的图书文献，也包含信息技术和传统文化类文献，满足学生专业强化及学习与拓展，以及教师人才培养、专业建设、教研科研等需要。

3. 数字教学资源

校企合作开发省部级教学标准1个，建成国家级教学资源子库两个、市级教学资源库1个、市级精品课程3门、市级精品资源共享课1门、市级精品在线开放课程1门、校级精品在线开放课程4门。课程资源包括音视频素材、教学课件、数字化教学案例库、虚拟仿真软件、数字教材等，种类丰富、形式多样、使用便捷、动态更新，满足教学需求。

（四）教学方法

依托智慧校园数字教学资源，构建以学生为中心的教育生态，开展"互联网+智能"课堂教学革命。基于项目化、模块化教学模式，采用线上自学与课堂讲授、个人学习与团队协作、理论探究与实训演练、个性学习与普适学习相结合的"五维结合"混合教学方法。借助虚拟现实技术、网络安全虚拟靶场等虚拟实训系统，拓展教学时空，提高教学效果。充分利用信息化手段，采集、分析和应用教与学全过程行为数据，及时调整教学策略，因材施教，让学生获得满足感和收获感，切实增强学生学习兴趣，提高课堂教学质量。

（五）学习评价

学习评价遵循"关注能力，注重过程，多种评价，分类实施"的原则。实施"多元化"评价方式，主要包括教学评价、考核评价和社会评价。其中，教学评价包括学生"评教"、教师"评学"等；考核评价包括过程考核、结果考核等，按一定比例进行分配；社会评价包括企业评价、单位评价、第三方评价等。

评价内容包括职业道德与规范、团队合作与创新、专业知识与技能、方法与社会能力；评价方法包括理论考试、现场操作、现场答辩、项目报告、实训报告、证书考取等；评价主体包括学生自评、小组互评、教师评价、家长评价、企业评价等。

采用"多元化"评价方式客观真实地评价学生对课程的学习情况和知识、技能掌握情况，能更全面地考查学生应用课程知识解决实际问题的能力，能激发学生学习激情，更有利于发掘学生的潜能。

（六）质量管理

（1）人工智能与大数据学院建立了专业建设和教学质量诊断与改进机制，专业教学质量监控管理制度健全，课堂教学、教学评价、实习实训、毕业设计以及专业调研、人才培养方案更新、资源建设等方面质量标准完善，通过教学实施、过程监控、质量评价和持续改进，保障人才培养规格达成。

（2）人工智能与大数据学院教学管理机制健全，日常教学组织运行与管理规范，定期开展课程建设水平和教学质量诊断与改进，巡课、听课、评教、评学等制度完善，建立了与企业联动的实践教学环节督导制度，教学纪律严明，强化教学组织功能，定期开展公开课、示范课等教研活动，互帮互助，保证教学质量。

（3）建立了毕业生跟踪反馈机制及社会评价机制，并对生源情况、在校生学业水平、毕业生就业情况等进行分析，定期评价人才培养质量和培养目标达成情况。

（4）定期开展教研活动进行教学质量分析、评价，通过分析评价结果可有效改进专业教学，持续提高人才培养质量。

八、毕业标准

本专业（群）学生在毕业审查时，要求同时达到以下条件：

1. 公共必修课学分达到 41 学分；专业必修课（含实践课程）学分达到 77 学分；专业选修课学分不低于 20 学分。

2. 总学分达到 144 学分。

3. 所有纪律处分影响期已经解除。

4. 综合素质学分不低于 10 学分。

第六节　实训基地建设

1. 实训基地建设的原则

实训（实习）基地建设是高职院校的重点建设内容之一，是学校改善办学条件，彰显办学特色，提高教学质量的重点。高水平实训基地需要充分利用校内外资源，有针对、有计划、分层次、分阶段地进行系统性建设，这样才有可能满足高素质技术技能型人才培养的需要。现针对实训基地建设原则方面提出以下几点建议。

（1）统筹协调原则。基地建设要与学科专业设置及计划进度匹配，要兼顾科研和社会服务的需要。实训基地建设是专业建设的重要组成部分，两项建设要通盘考虑，做到相辅相成、相得益彰。基地建设要以专业群或专业大类为基础，统筹校内外资源，建设大平台、模块化实训基地，具备专业群的教学和技能培训、鉴定功能，承担社会的部分人员培训和鉴定工作。

（2）生产（仿真）性原则。实训设施要尽力营造真实或虚拟企业情景，突出学生实践动手能力的培养。通过与行业内主流企业共同建设校内生产性实训基地，以及交流校内实训场地建设的思路、做法，达到培养零距离实践技能的目标。充分利用现代信息技术，开发和建设虚拟企业、虚拟工作间、虚拟实验室，以虚拟仿真实训弥补生产性实训的不足之处。

（3）资源优化配置原则。校内基地要坚持"开放性、兼容性、扩展性"原则，吸引企业共建、共管实训基地。基地除了可以满足日常的教学和研究，还能够适当地对社会开放，向社会提供职业技能培训、技能技术鉴定等服务，实现资源区域共享。校内实训场地相对集中，可以充分利用资源。

（4）软硬件并行原则。基地建设要软硬并举，重视管理体制、实训队伍、规章制度、人文环境的一体化建设。在重视设备投入等硬件建设的同时，要重视内涵建设。改革实训基地管理体制，建立以实训中心为主体的多级管理模式，健全和完善管理制度，加强"双师型"队伍建设，鼓励专业教师到企业实践锻炼，邀请企业专业人才和能工巧匠到学校担任兼职教师，引进企业文化，建设健康、和谐的校园文化。

（5）校外基地要注重功效，实现互惠互赢。充分利用社会实习实训资源，加强与行业企业合作，注重功效，做到资源共享、优势互补、互惠互赢。

2. 校内实训基地

（1）校内实训基地建设的意义和目的。高职院校的教育特点便是突出技能培养，要想实现技能培养，就必须加强实训基地建设。对于校内实训基地来说，主要凸显在两个方面：一是教学实训室；二是对外服务实训室。校内实训基地建设的主要意义和目的有两点：

1）促使学生学习保持率持续推进。通过调研结果显示，讲座对于学习保持率的影响是 5%，阅读对于学习保持率的影响是 10%，视听对于学习保持率的影响是 20%，示范讲解对于学习保持率的影响是 30%，小组讨论对于学习保持率的影响是 50%，动手练习对于学习保持率的影响是 75%，教他人立即使用对于学习保持率的影响是 80%。由此可见，不同形式的教学方式对于学习保持率产生的影响大不相同，而动手练习与教他人及时操作的方式是最能激发和提升学习保持率的，若要很好地实现这一教学方式，便需要建设校内实训基地。

2）可以为社会培养培训技能型紧缺人才。在进行人才培养培训时，一般会以能力为主要导向，能力又包括两个方面：一方面是专业技能，另一方面是职业能力。其中专业技能包含单项技能和复合技能，主要培养知识技能、操作技能和技术技能，这些技能需要依托于校内实训基地来进行提升，从而提升学生的就业竞争能力。而职业能力属于可持续发展能力，依托校内实训基地，教师可以组织学生开展许多情景化和项目化的实例教学，能有效提升学生的表达沟通能力、自主学习能力、职业道德、突破创新和团队协作能力。

（2）校内实训基地建设的主要目标和作用。校内实训基地建设的主要目标是要为专业群建设服务。从专业群到岗位群再到技能群，需要校内实训基地这个媒介作为支撑。专业群中会包含许多专业，有骨干专业，也有一般专业，这些专业面向的岗位群都是不一样的。那么，不同的岗位对于人才的技能方面将有不一样的要求。教师要想培养学生适应岗位的技能，就得借助于校内实训基地，及时有效地教会学生如何获取技能。

校内实训基地建设的主要作用是实现资源共享。首先是实现校内资源共享；其次是可以供本地区实训条件不足的学校进行实训，发挥辐射作用；再次，具备一定生产服务能力的校内实训基地，要开展产教结合，对外经营服务，让学生实现近距离就业；最后，可以面向社会开展相关专业的就业技能培训与资格认证。

（3）校内实训基地建设。

1）校内实训基地一般是以项目实训模块为载体，注重建设基本实训模块。以汽车电工这一项目训练模块为例，该项目需要开展汽车电路基本实训模块、汽车电气拆装实训模块和汽车故障测判实训模块。而加工中心项目训练模块则需要开展CAD/CAM实训模块、金工实训模块和数控铣床实训模块。根据不同的项目，开展不同的基本训练模块，每一个训练模块都需要对应的实训室。

2）根据专业特色及需求打造不同的实训室。譬如汽车技术专业，一般需要电工实训室、电子实验室、液压实验室、钳工实验室、汽车发动机构造与维修实训室、汽车底蕴构造与维修实训室、汽车电气与维修实训室、汽车整车实训室、汽车信息资料应用实训室、汽车钣金实训室、汽车涂装实训室、汽车综合性能检测实训室和仿真模拟实训室。

3）根据实训内容的要求配置相应的设备。以汽车发动机构造与维修实训室为例，该实训室主要是开展汽车发动机各总成、部件的结构认识、拆装、维修实训。通过实训室的实训，可基本具备汽车发动机拆卸、装配技能；可具备使用汽车发动机维修工具、量具和设备进行发动机各总成、部件的修复的技能；可掌握汽车发动机常见故障检测、诊断、排除的技能。根据实训室培养目标及作业要求，需要配置相应的设备：实物解剖发动机、发动机各系统示教板、汽油发动机零部件、柴油机燃料系统零部件、发动机维修测量常用量具、化油器汽油发动机台架、柴油发动机台架、电控柴油发动机台架、各类常用工具和专用工具、各类测试表、各类检测仪和诊断仪等。

综上所述，校内实训基地建设要有利于一体化教学改革。完成个性化的教学，构建模块化的课程，打造行动化的学习，开展一体化的实训，实施过程化的评价，实现人性化的管理。高职院校要科学合理建设校内实训基地，优化资源共享，为培养培训高素质技术技能型紧缺人才服务。

3. 校外实训基地

（1）校外实训基地建设的意义和目的。校外实训基地是学生巩固理论知识、增强劳动观念、练就实践能力、实现角色转换、培养综合职业素质的实践性学习与训练场所。建设校外实训基地是高职院校专业建设、课程建设、理论与实践相结合的基本内容。

在学校与企业合作为学生创办校外实训基地之后，可以有效提高学生的实践能力，增强学生的创新意识，达到良好的实践教学效果。首先，在校外实训基地中，学生可以在良好的实践环境中学习到相关知识，并且根据自身实际情况创新实践学习方式，进而达到良好的实践效果。其次，在校外实训基地中，教师可以与企业的职工相互合作，共同对学生进行实践知识的教学，不仅可以培养学生的实践能力，还能提高学生的职业素养，为社会培养出更多人才。最后，在校外实训基地中，学校与企业可以利用完善的评价体系对学生的实践能力进行评价，及时发现学生在实践学习中的不足之处，并且采取有效措施解决不足，这样，才能达到良好的实践教学效果，促进人才培养体系的完善。

（2）校外实训基地建设的原则。校外实训基地一般是校企合作共建，通常需要遵循以下几个原则。

1）满足教学需要的原则。实训基地建设首先要满足日常教学需要，然后再针对专业设置及课程教学要求，制订相应的科学合理的实习基地建设规划。

2）坚持"互惠互利，双方受益"的原则。学校和企业在校外实训基地的合作过程中，各自可以获得相应价值。譬如站在学校的角度来看，可以利用基地的条件培养学生动手能力和创新精神；而站在企业的角度来看，可以从实习生中优先选拔优秀人才，满足企业日益增长的用工需求。由此可以达到"双赢"的效果。

3）动态合作发展的原则。由于行业竞争日趋激烈，产业结构在不断调整，行业始终处于动态发展之中。因此，对校外实训基地的建设将实行动态的合作与发展。对于一些条件好、发展稳定并具有积极合作意向的行业可以建立相对固定的基地，有的实训基地则需根据实际情况进行动态调整，以保证实践教学的质量和实习基地使用效果。

（3）校外实训基地建设。

1）校外实训基地必须具备的条件：

- 是正式的法人单位或职能齐全的二级单位。
- 组织机构健全，领导和工作人员素质高，管理规范，发展前景好。
- 所经营的业务和承担的职能与相应专业对口。
- 在本地区的本行业有一定知名度，社会形象较好。
- 能够为学生提供实习、实训条件和相应的业务指导。

2）校外实训基地建设要求：

- 实习实训基地建设与培养目标紧密结合，以实习实训教学计划和教学大纲的要求为依据，与目前现场生产实际或近期生产技术发展的装备水平相匹配的企事业单位，以共赢为基础开展合作。
- 全面规划，协调发展，避免各专业之间重复建设，提高校外实训基地的利用率。优先选择受益面大的公共实训基地。
- 注意科技、生产及对外技术培训和技术服务等对实训基地的功能要求，提高基地的技术含量。
- 考虑经费承受能力及学生实习实训质量，尽可能选择专业对口、工艺和设备先进、技术力量雄厚、管理水平高、生产任务比较充足的企事业作为学校的校外实训基地。
- 加大对兼职实训指导教师的培训力度，使他们了解专业教学要求，积极参与教学改革，学校内教师也应熟悉企业的运营及生产环节，在学生实训过程中不致影响企事业单位的生产和正常工作。

- 根据校企共建的原则，争取政府投入、校企自筹、学校与科研单位或行业联合等多渠道筹集经费，走共同建设、共同发展的道路。

3）校外实训基地的检查与评估。建立实训基地的评估考核制度。主要包括教学质量检查、监督、保障、调控体系及验收制度。根据实训环境、管理体制、培养目标、实训基地的效益、对外培训等方面制定评估、考核的指标体系和实施细则，并对其开展评估工作。会同企事业单位对成绩显著的集体和个人进行表彰和鼓励，对违章失职或工作不负责任者，要按照有关规定进行处罚。

第七节　校园文化建设

1. 校园育人文化建设

文化是一个民族的精神和灵魂，是国家发展和民族振兴的强大力量。高等院校作为思想文化重镇，担负着对大学生思想政治教育的重要责任，而校园文化建设则是思想政治教育的重要内容和实践环节，是全面贯彻党的教育方针，不断提高广大师生员工的思想道德水平和科学文化素质，营造良好的育人环境，提高办学质量，构建和谐校园，培养中国特色社会主义事业合格的建设者和接班人的有效途径。

大学校园文化建设是一项系统工程，是大学生思想政治教育的重要阵地，是大学生课堂教育的有益补充和延伸。加强校园文化建设，必须以主旋律引领校园文化建设，体现导向意识和精品意识，努力创新形式和手段，重视发挥师生的主动性和互动性，实现良好校园文化的育人功能。

校园育人文化建设主要体现在"育人"层面，希望通过校园文化建设达到"育人"的目的。那么校园文化的"育人"功能如何体现呢？我们对其进行了以下两点归纳。

（1）充分发挥德育的功能，陶冶学生情操，规范学生行为和培养学生的集体意识、协作精神，培养学生的健康个性，促进学生心理健康。

　　好的校园文化能够陶冶学生情操。优美的校园环境有着春风化雨，润物无声的作用。如诗如画的校园风光，布局合理的校园建筑，鸟语花香的校园景致，美观科学的教室布置，文明健康的文化教育设施……无不给学生以巨大的精神力量。学生在优美的校园环境中受到感染和熏陶，触景生情，因美生爱，从而激发学生热爱学校，进而热爱家乡、热爱祖国的高尚品德。学生在幽静的环境中学习会感到舒心怡神，从而增强环境保护意识。丰富多彩、健康高雅的校园文化，对低俗的非理性的文化及各种消极腐败思想也能起到很好的抑制作用。所有这些都有利于学生正确的世界观、人生观、价值观的形成。

　　健全的规章制度及健康的集体舆论对学生的学习、生活行为及思想言行具有规范作用。当学生的思想言行不符合制度规范及集体舆论的要求时，他就会自我调节矫正，形成良好的作风、学风。

　　校园文化建设是代表学生集体形象的存在，这就要求学生必须要处理好个人和集体之间的关系，注意相互间的协作。这种来自外部环境的压力和自身发展的需要都要求学生正确处理好个人与集体的关系，以建成一种友好互助的群体氛围。

　　大学生们渴望丰富多彩的生活，每个人都有不同的兴趣爱好。多彩的校园文化可以适应大学生多样化、个性化的特点，避免学生人格塑造单一化的倾向。一些个性特长较为突出的学生通常会在活动中看到自己的价值，从而激发他们的自主性、自尊心和自豪感，形成积极向上的生活学习态度。

　　（2）提高美育地位，增强师生审美能力。爱美是人的天性，高职院校的学生正处于青春期这个特殊阶段，在追求美的过程中又存在着明显的弱点：他们追求美，却不善于识别美；常常只追求外在美，而忽略内在美；往往认为仪表的漂亮就是美，而不懂得美应该是广泛复杂且深刻有内涵的。而优良的校园文化有利于培养学生正确的审美观，提高他们的审美能力及创造美的能力；美丽安适的校园建设，整洁漂亮的教室布置，朴素大方的服饰，以及清新的校园空气、文明礼貌的语言环境、和谐友善的人际关系，均可诱导学生鉴赏美、追求美、创造美。在一系列审美活动中，学生会认识到美是社会实践的产物，是劳动创造的；能感受到心灵美、语言美、行为美、环境美的深刻内涵；可真正领悟美的含义，从而使追求美、创造美成为他们生活的需要并变成他们的自觉行为。

2. 校园精神文化建设

（1）校园精神文化的含义。文化是人类在社会实践过程中创造的物质和精神财富的总和。精神文化是校园文化中的核心，也是学校之魂。

校园精神文化建设是衡量一个学校德育教育成败的重要标志，良好的校园精神文化可以有效地调节和激发全校师生的群体意识和集体精神，较好地保持学校的长期稳定和良性发展，成为一个学校可持续发展的重要支撑。此外，校园精神文化还是人的主体性回归的精神支柱，人的主体性是指在主客体关系中，人能够按照主体的目的，超越各种客体的限制，并能动地改变客体。而良好的校园精神文化为人的主体性回归创设了精神氛围，使全校师生能够充分彰显个性，积极发挥主动性，进而全方位展现人的价值和尊严。因此，校园精神文化建设不容忽视。

（2）校园精神文化建设的方法和原则。校园精神文化建设不是一蹴而就的事情，而是一个继承、借鉴、创新的综合过程。具体可以从以下几个方面入手。

1）注重高校教师科学精神的培养。科学精神不仅是精神文化建设的重要内容，也是高校教学的重要目的。这就要求教师在教学过程中要具有科学的理念，运用科学的方法，强化自身的科学精神和态度，率先为学生树立榜样。另外，在日常生活中要坚持真理，反对谬误，提升自身的鉴别能力。

2）重新构建大学生的主观世界。在构建大学生的主观世界时，首先要重视大学生人文精神的培养，把人文精神融入高校人才培养的全过程，落实到教育教学的各个环节。其次要大力开展实践活动，让大学生走出创新精神的认知误区。实践活动的开展，不仅为学生发现自身的价值、体验自身的力量提供了平台，而且还可以正确地解决学生的认知问题。再次，在日常生活中要强化学生的民族文化意识。儒家文化作为中国文化的主流，至今仍是民族性格、社会心理以及价值取向中活着的民族文化的灵魂。在当前的社会生活中发扬儒家的文化精神,让儒家思想参与人们的精神生活,不仅能培养人们自觉的道德意识,而且能造就一种具有理性特点的和谐的社会秩序。最后,我们可以在大学生中开展理想信念教育,提升大学生精神追求。进行理想信念教育就是要把理想信念教育与引导人们理性地追求合理的个人利益结合起来,帮助人们正确地处理各种利益关系。

3) 凸显人的主体性,完善办学理念。高校的办学理念是校园精神文化的集中体现,因此,建设校园精神文化首先要明确高校的办学理念,它不仅是高职院校全体员工的价值追求,而且是学校发展的精神支撑。在高校校园精神文化建设中,凸显人的主体性、完善办学理念不仅是高校良性发展的前提,也是高校良性发展的保障。

4) 改进基层员工的工作作风。基层工作人员作为学校的主体构成人员,对校园精神文化的建设有着重要的影响。但由于诸多方面的原因,高校校园的基层工作人员的个人素质还有许多不尽人意之处。为此,需要多渠道、多方面地大力提升基层工作人员的素质,让他们和大学生在密切的接触中互相影响,互相提升。

3. 校园制度文化建设

制度是为了达到无意境界而采取的一种有意识手段。俗话说"不以规矩,无以成方圆"。学校应该遵循教育规律,依据教育方针和教育法规,围绕培养"四有"新人这个核心,建立和健全各种规章制度。学校的规章制度要体现三个特点:全、细、严。规章制度应该是全方位的,要做到事事有章可循;内容具体明确,操作性强;纪律严明,赏罚分明,从而形成自我激励、自我约束、自我管理的制度文化环境。

(1) 校园制度文化的含义。制度文化是人类为了自身生存、社会发展的需要而主动创制出来的有组织的规范体系。主要包括国家的行政管理体制、人才培养选拔制度、法律制度和民间的礼仪俗规等内容。校园制度文化主要是为了实现教育目标而制定的有组织的规范体系。主要包括学校行政管理制度、行为规范等内容。

（2）校园制度文化的基本特点。

- 制度文化的内涵包括各种成文的管理制度和行为规范。
- 制度文化凝聚了学校师生的群体智慧，并通过师生的实践进行传承。
- 制度文化的基本核心是，由学校的发展产生和选择而形成的一套传统观念，尤其是系统的价值观念。
- 制度文化作为一种系统或体系具有二重性：一方面它是师生活动的产物，另一方面，它又必然成为限制师生不规范活动的因素。
- 制度文化以物质条件为基础，受地域、民族、风俗、经济条件的约束，表现为异彩纷呈的多样性。

制度文化的特点表明，制度文化是一个不断运动、变化着的活的过程。制度文化与物质文化是相辅相成的关系。一方面物质文化的发展推动着制度文化的发展；另一方面制度文化对物质文化又具有强大的反作用，它可以推动、也可以阻碍物质文化的发展。正如邓小平同志所说的那样："制度好可以使坏人无法任意横行，制度不好可以使好人无法充分做好事，甚至会走向反面。"

（3）校园制度文化建设要点。

1）要"以人为本"。制度文化凝聚了学校师生的群体智慧，并通过师生的实践进行传承。任何制度都不是无源之水、无根之木，它的制定必须要有针对性、实效性，要充分发挥制度的激励作用。要通过师生反复的讨论、修订，让师生认识、理解、熟悉、最后习惯性执行。这样制度便会有人性化的内容，有刚性化的条款，便于推行下去。

2）要加强管理队伍建设。加强对管理者的培育，以此带动制度文化建设。制度文化建设是有关学校生存发展的关键性工作，学校管理者特别是主要领导人起着非常重要的作用。作为学校中的重要管理者，不仅应当是制度文化的设计者、倡导者，更应当是制度文化的模范实践者。领导者应该率先垂范，以自己的良好行为为学校的制度文化提供可见的形象。

3）树立典型，进行榜样引领。制度的最终目标是增强师生的综合素质，提高师生的纪律性、自觉性，形成一种良好的行为习惯。既要强调制度的约束力，更要重视它的激励作用。因此，制度文化建设要树立典型、正面引导，通过榜样引领师生的行为。

综上所述，校园文化是一种特殊的社会文化体系，对学生的教育和影响、对学生的全面发展和终身发展有着特殊的功能，对学校实现素质教育目标有着独特的作用，是课堂教学、常规教育无法替代的。校园文化建设应该以育人、精神和制度建设为主体，从主体着眼，正面突破，构建特色校园文化，推动素质教育的稳步提升。

第八节　内部质量保证体系构建

1. 内部质量保证体系构建的背景和依据

内部质量保证体系构建有着强大的政策背景，2012 年，《国务院办公厅关于成立国务院教育督导委员会的通知》（国办发〔2012〕45 号）中明确提出督导委员会办公室设在教育部，教育部成立教育督导局，各级各类教育的督导评估归口教育督导局负责。其主要职责就是研究制定国家教育督导的重大方针、政策；审议国家教育督导总体规划和重大事项；统筹指导全国教育督导工作；聘任国家督学；发布国家教育督导报告。

2012 年实施的《高等学校章程制定暂行办法》，第十四条提出："章程应当围绕提高质量的核心任务，明确学校保障和提高教育教学质量的原则与制度，规定学校对学科、专业、课程以及教学、科研的水平与质量进行评价、考核的基本规则，建立科学、规范的质量保障体系和评价机制。"

2015 年《教育部关于深入推进教育管办评分离 促进政府职能转变的若干意见》（教政法〔2015〕5 号）文件的出台对于教改具有重要意义，推进管办评分离，构建政府、学校、社会之间新型关系，是全面深化教育领域综合改革的重要内容，是全面推进依法治教的必然要求。为进一步提高政府效能、激发学校办学活力、调动各方面发展教育事业的积极性，必须深入推进管办评分离，厘清政府、学校、社会之间的权责关系，构建三者之间良性互动机制，促进政府职能转变。《教育部关于深入推进教育管办评分离 促进政府职能转变的若干意见》（教政法〔2015〕5号）中明确指出："推进依法行政，形成政事分开、权责明确、统筹协调、规范有序的教育管理体制。推进政校分开，建设依法办学、自主管理、民主监督、社会参与的现代学校制度，推进依法评价，建立科学、规范、公正的教育评价制度。鼓励推动学校积极开展自我评价。引导和支持学校切实发挥教育质量保障主体作用，不断完善内部质量保障体系和机制，认真开展自评，形成和强化办学特色。"

2. 内部质量保证体系构建的目的和意义

（1）提高技术技能型人才培养质量这一总目标。

（2）发挥学校的教育质量保证主体作用，不断完善内部质量保证制度体系和运行机制。

（3）是持续提高技术技能型人才培养质量的重要举措和制度安排。

（4）是教育行政部门加强事后监管、履行管理职责的重要形式。

（5）对加快发展现代职业教育具有重要意义。

3. 内部质量保证体系诊断与改进的内涵及主要任务

（1）内涵。诊断与改进的内涵是学校根据自身办学理念、办学定位、人才培养目标，聚焦专业设置与条件、教师队伍与建设、课程体系与改革、课堂教学与实践、学校管理与制度、校企合作与创新、质量监控与成效等人才培养工作要素，查找不足与完善提高的工作过程。

（2）主要任务。

1）理顺工作机制。坚持"需求导向、自我保证，多元诊断、重在改进"的工作方针,形成基于职业院校人才培养工作状态数据、学校自主诊断与改进、教育行政部门根据需要抽样复核的工作机制,保证职业院校人才培养质量持续提高。

2)落实主体责任。各职业院校要切实履行人才培养工作质量保证主体的责任,建立常态化周期性的教学工作诊断与改进制度,开展多层面多维度的诊断与改进工作,构建校内全员全过程全方位的质量保证制度体系,并将自我诊断与改进工作情况纳入年度质量报告。

3)分类指导推进。各地须根据职业院校不同发展阶段的特点和需要,推动学校分别开展以"保证学校的基本办学方向、基本办学条件、基本管理规范""保证院校履行办学主体责任,建立和完善学校内部质量保证制度体系""集聚优势、凝练方向、提高发展能力"等为重点的诊断与改进工作,切实提高工作的针对性和实施效果。

4)数据系统支撑。职业院校要充分利用信息技术,建立校本人才培养工作状态数据管理系统,及时掌握和分析人才培养工作状况,依法依规发布社会关注的人才培养核心数据。加快推进相关信息化建设项目,为公共信息服务、培养工作动态分析、教育行政决策和社会舆论监督提供支撑。

5)试行专业诊改。支持有较大影响力的部分企业牵头,以行业企业用人标准为依据,设计诊断项目,以院校自愿为原则,通过反馈诊断报告和改进建议等方式,反映专业机构和社会组织对职业院校专业教学质量的认可程度,倒逼专业改革与建设。

4. 内部质量保证体系的构建

(1)内部质量保证体系实施工作要求。

1)完善组织保证。教育部、省级教育行政部门分级成立诊断与改进专家委员会。

2)加强省级统筹。省级教育行政部门制定本省工作方案、细则和实施规划;组织实施区域内院校诊改。

3）确保公开透明。机构和专家要遵守工作规程，规范工作行为；建立诊断与改进信息公告制度，接受监督。

（2）诊断与改进工作的基本原则。

1）整体性原则。诊断与改进工作涉及学校工作方方面面，必须坚持六个结合：诊改工作与日常工作结合，诊改工作与人才培养工作结合，诊改工作与质量评价及监控结合，诊改工作与目标管理及绩效考核结合，自我诊断与专家诊断结合，全面自诊与抽样复核结合。

2）"双引擎"原则。诊改工作既要发挥各层面主体内生动力和质量主体意识，同时要充分发挥学院层面的监督控制和评价作用。

3）可控性原则。质量目标和标准必须符合各层面实际情况，在涉及各层面质量目标时必须做到准确、可测、可达，系统涉及学校、专业、课程、教师、学生等各层面规划、目标、标准和制度。

4）重心下移原则。诊改专业、课程、教师和学生四个重点都在二级学院，因此诊改工作核心在二级学院，要充分发挥二级学院质量主体意识和诊改工作的主动性，依托业务应用系统和以大数据为基础的诊改平台进行有效诊改，结合人才培养状态数据、第三方人才培养质量评价及相关信息分析，实事求是开展诊改。

5）持续性原则。依据二级管理实际情况，把诊改工作与教学部门目标管理和绩效考核结合起来，把质量主体意识延伸到人才培养工作的全过程、全方位和全体师生员工，激励各层面保证诊改创新热情，通过持续目标设定和绩效考核形成常态的诊改机制。

（3）诊断与改进工作的主要内容。

1）健全组织，形成组织体系。

首先，依托二级学院健全学院质量保证组织。一般情况下设立教学指导委员会、教学质量保障委员会和高职研究所。教学指导委员会主要由教务处及相关部门组成，主要负责教学过程的组织与管理，出台相应制度和标准；教学质量保障委员会是质量评价与监控部门，设立督导室、评价组、平台数据组、仲裁组，主要负责听课、检查、座谈、一般评价、专项评价和第三方评价工作；高职研究所主要是负责质量保障改进研究和学校发展研究。以上三个组织共同构建学院质量保证组织。

其次，健全二级学院质量保证组织。设立专业建设指导委员会、教研室和督导考核小组（质量控制办公室）。专业建设指导委员会包含专业建设委员会和专业带头人，双方共同开展专业建设；教研室主要通过课程建设、教学组织和教学研讨进行课程实施；质量控制办公室主要进行教学过程监控和组织评价，教学过程监控有听课、检查、信息员和座谈会，组织评价包括课程诊改、教学效果检查、专业诊改和师生评价。

最后，要明确各级职责。教学指导委员会的主要职责就是专业建设、课程建设指导，专业建设和课程建设质量监控与评价；质量保证委员会的主要职责是制定学校层面质量保证政策、制定学校层面质量规划实施目标任务分解、制定诊断考核制度、进行质量决策；质量控制部门的主要职责是制定质量保证体系、制定学校年度质量督查计划、实施工作质量督查与考核、组织专项诊断、实施考核性诊断、执行质量调控等工作；高职研究所主要职责是质量保证体系建设研究、质量诊断与改进研究、学院发展研究等；二级学院为质量生成核心，主要职责为内部质量保证管控、审核专业人才培养方案、审核专业标准、审核课程建设标准、保证专业建设和课程建设及实施质量、组织各项诊改工作；教研室主要职责是专业、课程质量管控、制定人才培养方案、制定课程标准、保证课程实施质量、组织开展专业、课程诊改。

2）五纵五横，建立总体框架。

五纵指五个质量保证系统。理清学校各职能部门和二级学院在质量保证决策指挥、质量生成、资源建设、支持服务、监督控制过程中的职责和工作流程，在此基础上构建决策指挥系统、质量生成系统、资源建设系统、支持服务系统和监督控制系统。

五横指质量保证的五个层面。在学校办学、专业建设、课程建设、教师发展、学生发展等五个横向层面的主要工作环节，理清各层面必需的规划、标准、制度等事项，建立规划、制度、标准、目标链，构建学校、专业、课程、教师、学生等五个独立又相互支撑的内部质量保证体系。

3）制定规划，构建规划体系。

首先是制定各类规划，形成目标。依据教育部，省教育厅×××教育发展规划及江苏省、省经信委×××发展规划，结合行业、区域经济社会和产业发展要求，在广泛调研、反复论证的基础上，编制好学院的事业发展规划；以学院发展规划为依据，做好专业（课程）建设、师资队伍建设、科研与社会服务、校企合作、校园文化建设、继续教育、智慧校园建设等专项规划；各二级学院依据学院规划和专项规划，完成二级学院子规划的编制，形成规划链、目标链。

其次是做好规划任务分解，明确年度目标。完成各项规划制定后，相关职能部门要做好规划任务的年度分解，明确每年要完成的任务以及完成任务的部门，为制定年度工作计划，确定各部门年度工作目标提供依据。

最后是建立规划执行反馈机制，适时修正目标。每年年末由学院发展规划处牵头，汇同质控部对各项年度规划的任务完成情况及完成质量进行绩效考核，完成规划年度执行报告。根据报告结论和情况变化调整规划目标，确保高质量地完成各项建设任务，实现规划目标。

4）建立标准，形成标准体系。各行各业都需要标准，在高校，涉及的标准非常多，但都是围绕师生进行建立的。通常的建立标准如下：

- 专业标准。依据现有专业实际及发展需要，做好人才培养的顶层设计，确定人才培养规格，明确就业岗位，由教务处和二级学院负责完善各类专业质量标准和专业建设标准，形成专业标准体系。
- 课程标准。依据人才培养规格和就业岗位，明确课程目标和课程内容设计，建立和完善学院各级各类课程标准和课程建设标准，形成课程标准体系。
- 教师发展标准。建立教师发展路径，完善骨干教师和专业带头人选拔培养机制，制定和完善各类教师标准，制定企业兼职教师、骨干教师、专业带头人等聘用和考核标准，并与绩效考核、职称晋升、岗位聘用相挂钩。

- 学生发展标准。综合考虑学生学习生涯、职业生涯、个人发展等要素，按照学习目标、职业目标、素质目标、个人发展目标四个方面建立学生发展标准。

- 服务与保障标准。建立线上线下相结合的教师发展中心和学生服务中心，在完善各类制度的基础上，制定相应工作流程，建立各类服务标准，并依托智慧校园定期对服务质量进行测评和考核。

5）完善制度，实现常态诊改。

首先，建立定期诊改制度，把各层面定期做好诊断与改进工作作为一项考核项目，形成年初确定诊改目标和实施计划，年底完成自我诊断和抽样复核，形成各类诊改报告。定期开展专业评估，编制学院教育质量年度报告，并委托第三方开展人才培养质量评估，评估结果向全院师生和社会发布。

其次，做好制度的"废、改、立"工作。配合大学章程的全面实施和内部质量保证体系建设，梳理现有制度，做好各类制度的"废、改、立"工作，厘清各部门的工作职责和管控事项，建立规范化的工作流程。

最后，依托平台，做好动态诊改。充分发挥诊改平台作用，动态做好各类质量信息的采集、分析和处理，及时反馈实施、运行、管理中出现的问题，制定各种质量预警的处理预案，及时反馈质量诊断结果与改进建议。

6）开发平台，提高诊改效能。首先完善业务应用系统。结合智慧校园建设，按诊改工作要求，认真分析并系统规划教育教学过程、行政服务、后勤保障等各类业务应用需求，完善、整合现有业务应用系统，开发一个诊改门户和学校、专业、课程、教师、学生五大诊改模块，实现学校所有关键业务管理的信息化。然后，建立一个大数据中心。从业务应用系统（教务、学生、教师、就业、科研、设备等）获取数据，按学校基本办学指标、专业建设、课程建设、教师发展、学生发展和部、省、市各类报表，分级、分类导出各类数据，实现关键指标预警，实现纵横对比，即既能与学校历史数据比对，也能与国家、省平均水平或示范骨干院校或同类院校等比对。

综上所述，构建内部质量保证体系是全校的重点工作内容，涵盖了工作的方方面面，需要所有部门全员参与进来，这样才有可能提升学校内部质量，建设出符合教育本质和人才培养目标的高质量高校。

参考文献

[1] 杨小旭．对"立德树人"思想政治教育工作的思考[J]．新西部（下旬刊），2017，（3）．

[2] 孙其昂．推进高校构建"大思政"格局[J]．2018，（9）．

[3] 新华网．办好思政课关键在教师——论学习贯彻习近平总书记在学校思政课教师座谈会上重要讲话[EB/OL]．[2019-03-19]．http://www.xinhuanet.com/2019-03/19/c_1124255737.htm．

[4] 中国政府网．党的领导是思政课建设根本保证——论学习贯彻习近平总书记在学校思政课教师座谈会上重要讲话[EB/OL]．[2019-03-21]．http://www.gov.cn/xinwen/2019-03/21/content_5375763.htm．

[5] 王加昌，郭非凡．大思政的意蕴、困境与实践逻辑[J]．福建师大福清分校学报，2016，（2）．

[6] 北京师联教育科学研究所．黄炎培职业教育思想与教育论著选读[M]．北京：中国环境科学出版社，2006．

[7] 王燕．关于教育的伦理道德价值的思考——兼谈教育的功利化倾向[J]．教育探索，2002，（11）．

[8] 宋岭．大学生功利性学习的成因及应对策略[J]．当代青年研究，2016，（2）．

[9] 马雪芹．新课程与教师的教育思想[M]．武汉：武汉理工大学出版社，2003．

[10] 李强．加强党建引领为立德树人定标定向[J]．四川党的建设，2018，（22）．

[11] 新华网．习近平：坚持中国特色社会主义教育发展道路 培养德智体美劳全面发展的社会主义建设者和接班人[EB/OL]．[2018-09-10]．http://www.xinhuanet.com/politics/2018-09/10/c_1123408400.htm．

[12] 齐鲁网. 让爱国主义精神在学生心中牢牢扎根[EB/OL]. [2018-09-12]. http://pinglun.iqilu.com/meiti/2018/0912/4046539.shtml.

[13] 李嘉哲. 围绕立德树人目标、加强教材体系建设[M]. 北京：人民教育出版社, 2018.

[14] 徐雁波. 高等职业教育人才培养模式改革的研究[J]. 电子世界, 2013, (4).

[15] 赵曙明. 高素质人才需"四识"齐备[J]. 成才之路, 2015, (7).

[16] 宋小杰, 曹晔. 广东省高职院校专业设置与区域经济发展的适应性研究[J]. 河南科技学院学报（社科版）, 2010, (4).

[17] 易顺明. 高职技术技能型人才培养的方法与途径[J]. 沙洲职业工学院学报, 2013, (3).

[18] 冒荣, 刘义恒. 高等学校管理学[M]. 南京：南京大学出版社, 1999.

[19] 侯蕾蕾. 中美大学创新人才培养模式比较研究[D]. 淮北：淮北师范大学, 2014.

[20] 王亚盛. 高端技能型人才内涵与职业标准的关系研究与建议[J]. 幸福生活指南·高等职业教育, 2012, (11).

[21] 刘上海. 应用型本科院校发展战略研究[M]. 重庆：重庆大学出版社, 2013.

[22] 赵倩倩, 顾玲, 娄少霞. 关于高素质技术技能型人才培养的探讨[J]. 天津职业院校联合学报, 2015, (2).

[23] 孙大鹏, 张金娟, 刘秀丽. 试论我国职业教育人才培养目标与模式[J]. 黑龙江科技信息, 2018, (22).

[24] 钟祥荣. 高素质技能型人才培养模式研究与实践——以广州城建职业学院国际经济与贸易专业为例[J]. 现代企业教育, 2012, (12).

[25] 魏晓华. 试论订单式人才培养模式的探索与改革[J]. 管理学家, 2014, (11).

[26] 杨广金, 江涛. 校企合作共建实训基地模式及效率研究[J]. 职业教育研究, 2012, (2).

[27] 江沈红. 高校辅导员教学课程与内容设置略探[J]. 学校党建与思想教育（普

教版），2015，（3）.

[28] 冯建军. 创新教育与课程改革[J]. 中国教育学刊，2000，（4）.

[29] 郭平. 核心课程与优质课程体系建设初探——以宜宾学院为例[J]. 宜宾学院学报，2011，（2）.

[30] 李延军. 科学教育专业课程体系的研究[D]. 金华：浙江师范大学，2006.

[31] 马艳. 公安高等院校隐性课程问题初探[J]. 北京人民警察学院学报，2009，（4）.

[32] 胡萍萍. 大学英语教师隐性课程与教学策略研究[D]. 上海：上海外国语大学，2016.

[33] 周玉丽. 隐性课程视角下的教师人格塑造[J]. 读与写（下旬），2010，（7）.

[34] 莫俊峰. 协同视域下高职思想政治理论课实践教学改革与创新[J]. 北京财贸职业学院学报，2018，（1）.

[35] 苏二正，张辉. 美国高校创新人才培养模式及其启示[J]. 教育教学论坛，2014，（31）.

[36] 林木. 美国高校合作教育支持系统研究[D]. 兰州：西北师范大学，2011.

[37] 谢梅，苗青. 美国高校创新人才培养模式及借鉴[J]. 成才之路，2017，（16）.

[38] 王菲. 国外高技能人才培养经验对我国的启示与借鉴[J]. 北京市工会干部学院学报，2018，（2）.

[39] 李波. 美国通识教育课程改革的经验与启示[J]. 教书育人（高教论坛），2009，（10）.

[40] 姚明超. 高等医学院校实习医学生思想政治教育研究——以河南中医学院为例[D]. 郑州：河南中医药大学，2015.

[41] 沈晴. 对大学生进行中国传统文化教育的途径[J]. 教育探索，2008，（2）.

[42] 王媛. 当代美国本科层次应用性人才培养模式探究[D]. 上海：华东师范大学，2008.

[43] 张弛. 德国"双元制"人才培养模式及其启示[J]. 职业时空，2013，（5）.

[44] 陈宇峰，向郑涛，张涛，等．德国乌尔姆应用科技大学人才培养模式对地方高校电类专业人才培养的启示[J]．科教导刊，2017，(11)．

[45] 成长春．追求卓越全面提高人才培养能力[J]．成才之路，2018，(19)．

[46] 何应林．高职院校技能人才有效培养研究[D]．南京：南京师范大学，2014．

[47] 于杰．浅谈新加坡高等教育人才选拔与培养的特色[J]．中国电力教育，2010，(12)．

[48] 冯帆．行业企业参与职业教育的国际经验借鉴与启示——以新加坡"教学工厂"人才培养模式为例[J]．继续教育研究，2014，(9)．

[49] 吴如漪．新加坡高等教育的人才培养模式及教学管理[J]．中国成人教育，2001，(4)．

[50] 刘福寿，李习华．一般院校经济学类专业人才培养模式改革和质量保证问题研究与实践[M]．北京：高等教育出版社，2004．

[51] 边静．新加坡南洋理工学院人才培养模式探究[D]．沈阳：沈阳师范大学，2016．

[52] 林志华．新加坡高职教育人才培养模式的特点及借鉴意义[J]．考试周刊，2014，(68)．

[53] 张丽明．信息时代复合型人才计算机应用能力培养策略研究[J]．才智，2018，(31)．

[54] 朱迎春．基于有效教学的教师专业发展研究[D]．重庆：西南大学，2013．

[55] 叶沅宁．厦门市高技能人才培养与发展的问题研究[D]．厦门：厦门大学，2012．

[56] 李丽．扬州市G学院地方技能型人才培养问题研究[D]．扬州：扬州大学，2013．

[57] 沈杨．应用技术大学人才培养质量雇主评价研究[D]．扬州：扬州大学，2015．

[58] 朱飙，程蓓．培养高端技能型专门人才的思考[J]．安徽电气工程职业技术学院学报，2014，(2)．

[59] 黄灵霞. 地市政府在高职院校"引领"区域现代职业教育体系中的作用——以浙江舟山市为例[J]. 延安职业技术学院学报, 2017, (1).

[60] 贺继明, 赖斌, 凌红. 现代服务业高技能人才培养的 A 型模式研究: 以乡村旅游管理人才培养为例[M]. 成都: 四川大学出版社, 2012.

[61] 方大春, 王海晨. 新常态下产业转型升级对人才培养的新要求及对策建议[J]. 对外经贸, 2017, (3).

[62] 天津市教育委员会. 天津市高职高专院校人才培养工作水平评估手册[M]. 天津: 天津人民出版社, 2006.

[63] 奚江山. 谈我国当前职业教育的现状与未来发展趋势[J]. 新教育时代电子杂志(教师版), 2014, (26).

[64] 张学英. 中职学生职业素养现状与提升路径研究[D]. 秦皇岛: 河北科技师范学院, 2013.

[65] 陶书中, 徐耀生. 大学生就业指导案例教程[M]. 成都: 电子科技大学出版社, 2008.

[66] 董萍. 职业素养的熏陶是推进高技能人才培养的关键[J]. 卷宗, 2014, (6).

[67] 林莉. 旅游心理学[M]. 合肥: 中国科学技术大学出版社, 2012.

[68] 艾建勇, 陈瑛. 职业道德与职业素养[M]. 重庆: 重庆大学出版社, 2011.

[69] 徐飚. 职业素养基础教程[M]. 北京: 电子工业出版社, 2009.

[70] 黎光明. 要重视高职学生职业素养教育[J]. 当代教育论坛, 2007, (15).

[71] 苗素华. 关于在电工专业教学中渗透职业素养教育的探索[J]. 职业, 2017, (27).

[72] 梁煜, 朱前星. 高校教师爱岗敬业美德的培养[J]. 中国成人教育, 2007, (16).

[73] 张吉廷. 大学生职业道德培养的意义及路径[J]. 人才资源开发, 2018, (24).

[74] 唐友笙. 以"中国梦"引领党员教育[J]. 现代企业文化, 2017, (10).

[75] 刘文韬, 王义艺, 曹仕平. 浅析高职学生职业核心能力的特点及其重要性[J]. 科教导刊, 2015, (7).

[76] 毕云．职业核心能力的内涵分析及培养策略[J]．今日湖北（下旬刊），2014，（12）．

[77] 李少兰．浅谈沟通在思想政治工作中的重要作用[J]．中国电力教育，2008，（7）．

[78] 陈小红．职业院校校内实训基地建设初探[J]．医学信息，2014，（17）．

[79] 刘雯绯．企业技能岗员工团队协作能力培训方法研究[J]．才智，2017，（17）．

[80] 冯明智．我的完美大学：今天怎样上大学[M]．成都：四川科学技术出版社，2009．

[81] 谭家德．中职教育内涵发展理论与实践研究：人才培养视角[M]．成都：电子科技大学出版社，2011．

[82] 王静．高等职业院校职业观教育研究[D]．济南：山东师范大学，2008．

[83] 夏昕，郑凌．大学生工程实践创新能力培养的几点思考[J]．中国校外教育（下旬），2012，（9）．

[84] 付云．高职技术技能人才的培养目标之辩[J]．职业技术教育，2013，（28）．

[85] 李箭．英语教学技能设计指导与训练[M]．南京：南京大学出版社，2012．

[86] 段毅龙．中国石油××油田公司高技能人才培养研究[D]．西安：西北大学，2009．

[87] 吕冲浪．关于高等职业教育人才培养定位的探讨[J]．高等职业教育（天津职业大学学报），2009，（4）．

[88] 舒虹．基于多元协同视角的高校新生教育模式构建研究[J]．北京教育（高教版），2017，（11）．

[89] 言宏．职业教育如何做到"德技并修"[N]．浙江教育报，2019，（7）．

[90] 孙丽，等．当代大学生工学结合实践模式研究[J]．科技信息，2013，（12）．

[91] 祝青．高职院校工学结合人才培养模式研究[J]．成才之路，2019，（29）．

[92] 孙伟清，等．浅谈综合类高职院校实训基地建设原则[J]．南京广播电视大学学报，2013，（01）．

[93] 张淑娟. 校外实习基地建设的构思[J]. 职业技术, 2014, (09).

[94] 程艳. 校企合作共建校外实训基地的实践举措与意义研究[J]. 佳木斯职业学院学报, 2017, (02).

[95] 邢谦育. 加强校园文化建设优化校园育人环境[J]. 林区教学, 2011, (4).

[96] 王群会. 构建以校园文化为核心的人格教育体系的探索与实践[D]. 北京: 首都师范大学, 2004.

[97] 王雁芦. 高职院校行政管理效能提升策略研究[J]. 科技信息, 2012, (6).

[98] 滕松艳. 高校校园精神文化建设问题探析[J]. 长春工业大学学报（社会科学版）, 2010, (6).

后　　记

2016年12月7日，习近平总书记在全国高校思想政治工作会议上指出，高校思想政治工作关系高校培养什么样的人、如何培养人以及为谁培养人这个根本问题。要坚持把立德树人作为中心环节，把思想政治工作贯穿教育教学全过程，实现全程育人、全方位育人，努力开创我国高等教育事业发展新局面。作为高职院校教师，想要培养出高素质的技术技能型人才着实不易。面临不同层次的人才培养，团队中的每位成员都在积极探索和实践。

本书从选题、搜集资料、调研、实践、写作直至最后完成，历时两年有余。本书由童世华、黎娅、朱媛媛共同完成，童世华负责总体写作思路、进度安排与书稿审核，第一、三、五章由黎娅撰写，第二、四章由朱媛媛撰写。在每一个环节都得到了众多同事、朋友的支持与帮助，在此表示诚挚谢意。

本书虽然已经完成，但仍有一些缺憾和不足，许多内容有待进一步深入分析和探讨，还需要在今后的工作中不断努力，恳请诸位专家、学者批评指正。

作者于重庆

2020年7月20日